凌琴如著

蘇軾思想探討

中華書局印行

目錄

一、緒言……一
二、蘇軾的幼年母教及其科第……二
甲、幼承母教景仰往哲……二
乙、歷登高第志在顯親……二
三、蘇軾的政見政績及其風操……四
甲、慷慨陳言力排新制……四
乙、體君護法拯民於溺……五
丙、不畏權勢面斥當道……六
丁、不求顯達但求便民……七
戊、恤士惠民服藩平盜……九
己、尊王教戰著書教子……一一
四、賈誼陸贄的影響……一四
甲、賈誼的意念……一四
乙、陸贄的意念……一八
五、莊列思想的蛻變……二四

六、神仙小說的幻想……二一七
七、佛釋精神及林下生活的酷好……三〇
八、詩人的氣質……三三
甲、晉唐詩人的潛移默化……三三
乙、孤高自潔及書畫情趣……三七
九、復古的遠見及古文的主張……四一
十、先代詞人的刺激及其獨立風格……四四
附錄……四七
東坡先生年譜……四七
參考書目……七四

一、緒　言

蘇軾文辭譔古今，人莫不知之，但其思想行誼，心存忠愛，大節凜然，所謂：以書生而爲帝王師，諍言讜論，見識超羣，立天下之大節而不屈；上不愧君父之所期，下不違萬民之所賴；窮則能獨善其身，達則能兼善天下，生而爲人所祠祝，死而爲世所廟享者，却反爲之掩蓋不少。故宋史本傳嘗詳論之云：「弱冠父子兄弟至京師，一日而聲名赫然，動於四方，既而登上第，擢詞科，入掌書命，出典方州。器識之宏偉，議論之卓犖，文章之雄雋，政事之精明，四者皆能以特立之志爲之主，而以邁往之氣輔之。故意之所向，言足以達其有猷，行足以遂其有爲。至於禍患之來，節義足以固其有守，皆志與氣所爲也。」又云：「二君皆有以知軾，而軾卒不得大用，一歐陽修先識之，其名遂與之齊；豈非軾之所長，不可掩抑者，天下之至公也，相不相有命焉。」庶可見其大概。

古之聖帝明王，忠臣孝子，義士節烈，其所以爲聖明忠孝節義者，必非偶然倖致，必有其思想之本源，行爲之痕跡，如深加探討，自無難明之處，甚可以藉資後世，用爲楷模，而收治世之效。固不可一如往昔，徒迷信於神明星象，而其來必有所自也。

夫人思想之形成；乃在乎受個人之學養與家庭環境之支配，社會風氣之薰陶，時代背景之限制，前代人物之影響，不斷力行中之經驗，不同之機遇，以及自我之懷抱如何，而決定其思想之形態。故謹就宋史本傳及有關羣書，詳加參研，而探討蘇軾思想之本源及演變情形，條列綱目，編次於後而申述之。

二、蘇軾的幼年母教及其科第

甲、幼承母教，景仰往哲：

蘇軾思想，最初承受母氏的啓蒙，而逐漸宏揚光大，使他在文學史上有雄偉的成就，這是不可諱言的事實。根據宋史本傳所載：「……生十年，父洵游學四方，母程氏親授以書，聞古今成敗，輒能語其要。程氏讀東漢范滂傳，慨然太息，軾請曰：『軾若爲滂，母許之否乎？』程氏曰：『汝能爲滂，吾顧不能爲滂母耶！』」由此可知蘇軾一生的思想，受賢母的教誨，其功實不可泯；而這段感人肺腑的范滂生平事跡，就在蘇軾幼小的心靈中，早已被塑成一座不可磨滅的金質偶像，而時時在鼓勵着蘇軾，一步一趨的踏着范滂的足跡前進，至死不移其志。

乙、歷登高第，志在顯親：

人要想能夠立身自處，必須先行孝道，然後才能得以揚名聲於後世，這才算是有道德的人，也可以說是有令譽的人，後代才會知道他，因而使他的生身父母也能同享光榮。這原是行孝道的必然結果和目的。所以孔子說：「立身行道，揚名於後世，以顯父母，孝之終也。」(注一)蘇軾在嘉祐二年學成後，隨父至京師，與弟轍同受試於禮部。當時文章有詭異之病，主考官歐陽修有意救治這一種弊病，得軾刑賞忠厚之至論一文，驚喜之餘，欲擢爲榜首。但懷疑此文爲他的門客曾鞏所作，因此，只好置於第二名。軾復以春秋對義居第一，殿試中乙科。歐陽修對梅聖俞說：「吾當避此人出一頭地。」（注二）聞者最初譁議不絕，久而久之，乃信服確是如此。軾遭母喪，丁憂五年，然後歐陽修以軾才識兼茂，薦之秘閣，試六論。舊時文不起草，所以文多不甚工穩。由蘇軾始具草，文義粲然大備。後軾復對制策，入三等。考自宋初以來，制策入三等者，惟吳育與蘇軾二人而已。治平二年軾入判登聞鼓院，英宗自藩邸聞其名，欲以唐代故事召入翰林知制誥。宰相韓琦說：「軾之才遠，大器也；他日自當爲天下用，要在朝廷培養之，使天下之士，莫不畏慕降伏，皆欲朝廷進用，然後取而用之，則人人無復異辭矣。今驟用之，則天下之士，未必以爲然，適足以累之也。」（注三）英宗說：「且與修注如何？」韓琦答稱：「記注與制誥爲鄰，未可遽授，不若於館閣中，近上帖職與之，且請召試。」英宗說：「試之未知其能否？」韓琦答：「如軾有不能邪？琦猶不可。」及試二論，復入三等，得直史館。蘇軾聞韓琦語道：「公可謂愛人以德矣。」由此觀之，蘇軾之才華可稱絕代了。這時蘇軾不幸又丁父喪，上以金帛賜之，蘇軾拒受金帛，但求贈一官與其父。上許之，於是贈洵爲光祿丞。軾遵遺命葬姑，並將官推蔭伯父太白之曾孫蘇彭。爲人至此，可說是對於守孝、揚名、顯親之義全部盡了。

三、蘇軾的政見政績及其風操

甲、慷慨陳言，力排新制：

蘇軾在熙寧二年還朝，時王安石執政，他平素對蘇軾的議論異己，頗爲厭惡。當安石欲改變科舉，興學校，詔兩制三館官員共議時，蘇軾上議反對說：「得人之道，在於知人，知人之法，在於責實，使君相有知人之明，朝廷有責實之政，則胥史皀隸未嘗無人，而況於學校貢舉乎？雖固今之法，臣以爲有餘；使君相不知人，朝廷不責實，則公卿侍從常患無人，而況學校貢舉乎？」又說：「慶曆固嘗立學矣，至於今日，惟有空名僅存。今將變今之禮，易今之俗，又當發民力，以治官室，斂民財，以食游士，百里之內置官，立師獄訟聽，於是又簡不率教者，屛之遠方，則無乃徒爲紛亂以患苦天下邪？」又說：「臣謂今之學校，特可因仍舊制，使先王之舊物，不廢於吾世足矣。至於貢舉之法，行之百年，治亂盛衰，初不由此？陛下視祖宗之世，貢舉之法，與今爲孰精？言語文章，與今爲孰優？所得人才，與今爲孰多？天下之士，與今爲孰辨？較此四者之長短，其議決矣。今之所欲變改不過數端。」神宗因蘇軾之議上而有所悟，因說道：「吾固疑此，得軾議意釋然矣。」當日召見蘇軾，問：「方今政令得失安在，雖朕過失，指陳可也。」蘇軾答稱：「陛下生知之性，天縱文武，不患不明，不患不勤，不患不斷；但患求治太急，聽言太廣，進人太銳。願鎭以安靜，待物之來，然後應之。」神宗聞軾言悚然道：「卿三言，朕當熟思之。凡在館閣，皆當爲朕深思治亂，無有所隱。」蘇軾退而言於同列，安石不悅，命權知開封府推官，用以困蘇軾。而軾對處理事務，決斷精敏，聲聞益遠。後安石創行新法，蘇軾上書論其不便。書中有云：「臣之所欲言者，三言而已。願陛下結人心，厚風俗，存紀綱。」極論創制置三司條例之不當，造端宏大，民實驚疑創法新奇，吏皆惶惑，爲消讒慝而召和氣，則莫若罷條例司。又言：「青苗放錢，自昔有禁，今陛下始立成法，每歲常行，雖云不許抑配，而數世之後，暴君污吏，陛下能保之與？計願請之戶，必皆孤貧不濟之人，鞭韃己急，則繼之逃亡，不還則均及鄰保，勢有必至，異日天下恨之，國史記之曰：青苗錢自陛下始，豈不惜哉？且常平之法，可謂至矣，今欲變爲青苗，壞彼成此，所喪逾多，虧官害民，雖悔何及？」又言：「近歲樸拙之人愈少，巧進之士益多，惟陛下哀之救之，以簡易爲法，以清淨爲心，而民德歸厚，臣之所願陛下厚風俗者此也。」其他則列舉安石之贊神宗以獨斷專任，因試進士發策，足以流弊，而至國家敗亡。安石因而滋怒，使御史謝景溫論奏其過，窮治無所得，軾遂請外調，通判杭州。

乙、體君護法，拯民於溺

高麗入貢使者，發幣於官吏，書稱甲子，軾却之曰：「高麗於本朝稱臣，而不稟正朔，吾安敢受。」使者易書稱熙寧，然後受之。此所謂上體君國，不違先王之禮，雖異族亦必存君臣之義，不可少懈。時新政日趨於下，軾於其間，每因法以便民，民賴以安。後徙知密州，司農行手實法，不時施行者以違制論，軾則對提舉言：「違制之坐，若自朝廷，誰敢不從；今出於司農，是擅造律也。」提舉官驚道：「公姑徐之。」未幾朝廷知法害民，罷之。又地方有盜竊案發，按撫司遣三班使臣，領悍卒來捕。卒凶暴恣行，甚至以禁物誣民，入其家爭鬬殺人，且畏罪驚潰，將爲亂民，奔訴軾處，軾投其書不視，道：

「必不至此。」散卒聞之少安，徐使人招出戮之。凡此數事，皆可謂深懷護法安民之美德景行。逮至徙知徐州，河決曹村，泛於梁山泊，溢於南清河，滙於城下，漲不時洩，城將敗，富民爭出避水，軾曰：「富民出，民皆動搖，吾誰與守？吾在是，水決不能敗城。」驅使復入，軾到武衞營，大聲對卒長說：「河將害城，事急矣，雖禁軍且爲我盡力。」卒長說：「太守猶不避塗潦，吾儕小人當効命。」遂率領隊伍，持畚鍤傾營而出，築東南長堤，首起戲馬台，尾至於城根。大雨日夜不停，水暴漲三次而城不沉，軾以版爲屋，憇於堤上，過家門而不入，使官吏分堵以守，終得保全其城。復請調來歲夫增築故城爲水岸，以防水之再至。朝廷從其所請，使城永不再陷於水患，而徐州萬家得以活命，實得軾之爲守者始有此功，爲公忘私，過門不入，拯民於溺，夏禹不過如是。

丙、不畏權勢，面斥當道：

軾徙知湖州上表以謝君恩。遇事認爲不便民者，不復敢言，僅以詩詞諷託，俾有補於國。仍被讒人李定、舒亶、何正臣諸御史，摭其表中語及媒孽其所作詩句，斷章取義，論成訕謗罪，逮赴臺獄，欲置之死地。但經長期鍛鍊其詩文，而不能決其有罪。幸神宗憐愛蘇軾之才，而除其罪，以黃州團練副使安置。考李定少曾受學於王安石，登進士後爲定遠尉，後召至京師，諫官李常問其自南方來，民謂青苗法如何？李定附合道：「民便之，無不喜者（注四）李常謂「舉朝方共爭是事，君勿爲此言」。李定陰謁安石言之。安石大喜，薦對神宗。於是諸言新法不便者，李常皆不採信。李定官運亨通，竟獲御史之職，只因附王陷蘇而脊史遺臭。舒亶試禮部第一。王安石當國而提拔之，附王而爲御史。李定劾蘇軾作爲詩詞訕議時事。舒亶則謂軾「公爲朋比……若司馬光、張方平、范鎮、陳襄、劉摯，皆略能誦說先王之言，而所懷如此，可置而不誅乎？」（注五）帝覺其言爲過，但貶蘇軾，而司馬光等罰金。後舒亶因每每排抵士大夫而坐罪，遠近稱快，卒留汚名於後世。何正臣曾中進士第，蔡確薦爲御史，附王而與李、舒論劾蘇軾得五品服，領三班院會，正御史等美官。於吏部侍郎時，嫚於奉職，銓擬多牴悟。事聞，以制法未善解之，遂爲王所惡而遭外放，亦留惡名。由此觀之，李、舒、何諸人雖逞其附王陷蘇之謀，其又奈蘇軾何？蘇軾在黃州，終日與田父野老相從溪山間，築室於東坡，自號東坡居士，在此時期，著述頗多。思潮澎湃，在文藝上成就也最大，對後世的貢獻匪淺。三年後，神宗有意起用蘇軾，又爲宰相王珪，蔡確所阻，終於神宗以手札移軾於汝州。蘇軾未至汝，上書自言飢寒，有田在常，願得居之。朝奏入，夕報可。道過金陵見王安石說：「大兵大獄，漢唐滅亡之兆，祖宗以仁厚治天下，正欲革此，今西方用兵，連年不解，東南數起大獄，公獨無一言以救之乎？」安石對以「二事皆惠卿啓之，安石在外，安敢言？」蘇軾說：「在朝則言，在外不言，事君之常禮耳，上所以待公者非常禮，公所以待上者，豈可以常禮乎？」安石厲聲道：「安石須說。」又道：「出在安石口，入在子瞻耳。」又道：「人須是知，行一不義，殺一不辜，得天下弗爲乃可。」蘇軾戲言對答：「今之君子，爭減半年磨勘，雖殺人亦爲之。」安石至是笑而不言，他也實在是沒話好講了。自心有虧，雖身爲當道，亦不能不屈服於眞理之下。

丁、不求顯達，但求便民：

神宗崩、哲宗立，復朝奉郎知登州，召爲禮部郎中，舊時蘇軾與司馬光、章惇皆頗友善，時光爲門下侍郎，惇知樞密院，二人不相合，惇以謔侮困光，光甚苦之，均賴軾從中斡導，始得相安。光旋遷起居舍人。蘇軾以中書舍人復遷翰林學士知制誥，但軾起於憂患，不欲驟履要地，辭於宰相蔡確，蔡勸說「公徊翔久矣，朝中無出公右者。」軾對以「昔林希同在館中，年且長。」蔡反問：「希固當先公邪？」終不許所請。蘇軾之不求顯達，如此可見。元祐元年，軾以七品服入侍延和，即賜銀緋，遷中書舍人。因差役法行久生弊，編戶充役者，民不習其役，吏又虐使之，民多破產，窮鄉之民，至有終歲不得生息者。王安石相神宗改爲免役法，使戶差高下出錢顧役，行法者過取，以爲民病。到司馬光爲相，則僅知免役之害，不知其利，欲復差役法，差官置局，軾與其選而建議說：「差役、免役，各有利害，免役之害掊斂民財，十室九空，斂聚於上，而下有錢荒之患。差役之害，民常在官，不得專力於農，而貪吏猾胥，得緣爲姦。此二害輕重蓋略等矣。」光問：「於君何如？」軾對曰：「法相因則事易成，事有漸則民不驚。三代之法，兵農爲一，至秦始分爲二，及唐中葉，盡變府兵爲長征之卒，自爾以來，民不知兵，兵不知農，農出穀帛以養兵，兵出性命以衞農，天下便之。雖聖人復起，不能易也。今免役之法，實大類此。公欲驟罷免役，而行差役，正如罷長征，而復民兵，蓋未易也。」光頗不以爲然。軾又陳於政事堂。光忿然。軾又進言道：「昔韓魏公刺陝西，義勇公爲諫官，爭之甚力，韓公不樂。公亦不顧軾昔聞，公道其詳。豈今日作相，不許軾盡言邪？」光笑而不答。軾則可謂不論王、馬在位，皆爲便民而爭。不顧自身的利害，如此愛民精神，就事論事，不計法之新舊，善則存之，惡則去之，眞當世之超人也。後軾爲翰林學士，二年兼侍讀，每進讀至治亂興衰，邪正得失之際，未嘗不反覆開導，覬有所啓悟。哲宗雖恭默不言，輒首肯之。嘗讀祖宗寶訓，因及時事，軾歷言今賞罰不明，善惡無所勸沮。又黃河勢方北流而彊之，使東夏人入鎮戎，殺掠數萬人，帥臣不以聞。每事如此，恐寖成衰亂之漸。軾嘗被鎖宿禁中，召入對便殿。宣仁后問道：「卿前年爲何官？」對以「臣爲常州團練副使。」又問：「今爲何官？」對以「臣今待罪翰林學士。」又問：「何以遽至此？」對以「遭遇太皇太后、皇帝陛下。」答曰：「非也。」對以「豈大臣論薦乎？」答曰：「亦非也。」軾驚道：「臣雖無狀，不敢自他途以進。」答以「此先帝意也。先帝每誦卿文章，必嘆曰：奇才！奇才！但未及進用卿耳。」蘇軾不覺痛哭失聲。宣仁后與哲宗亦泣，左右皆感涕。已而命坐，賜茶，徹御前金蓮燭，送歸院。以此事觀之，蘇軾雖能致君於堯舜，無奈宋室大權旁落何！

戊、恤士惠民，服藩平盜：

當蘇軾權知禮部貢舉，遇大雪苦寒，士坐庭中，噤未能言，軾寬其禁約，使得盡拔巡鋪。內侍每摧辱舉子，且持曖昧單詞誣以爲罪，軾盡奏逐之。四年間所積論事，爲當權者所恨。軾恐不見容，自請外調，拜龍圖閣學士知杭州，臨行，前相蔡確罪發，當貶嶺南，軾密疏朝廷薄確之罪。宣仁后心善軾言，而不能用軾。出郊用前執政恩例，遣內侍，賜龍茶銀合，慰勞甚厚。在禮部時，禮遇天下寒士，出分君憂，可謂至慈至忠之舉，鞠躬體國無能過此。至杭大旱，饑疫竝作，軾請於朝，免本路上供米二分之一，復得賜度僧牒，易米以救飢者。明年春又減價糶常平米，多作饘粥藥劑，遣使挾醫，分坊治病，活者甚衆。蘇軾說：「杭水陸之會，疫死比他處常多。」乃裒羨緡得二千，復發橐中黃金五千兩，以作病坊，稍畜錢糧待之。杭本近海地，泉鹹苦，居民稀少。唐刺史李泌始引西湖水，作六井，民足於水。白居易又浚西湖水，入漕河，自河入田，所溉至千頃，民以殷富。湖水多葑，自唐及錢代歲輒浚治，宋興後廢之，葑漸多，積而成田，水無幾矣。漕河失利，取給江潮，舟行市中，潮又多，於三年一淘，爲民大患，六井亦幾於廢。軾見茅山一河，專受江潮，鹽橋一河，專受湖水，遂浚二河，以通漕。復造堰牐，以爲湖水畜洩之限，江潮水不復入市矣。以餘力復完六井，又取葑田，積湖中，南北徑三十里，爲長堤，以通行者。吳人種菱，春輙芟除，不遺寸草，且募人種菱湖中，葑不復生，收其利以備修湖，取救荒錢萬緡，糧萬石，及諸得百僧度牒，以募役者築堤。堤成，植芙蓉楊柳於其上，望之如圖畫，杭人名爲蘇公堤。至是水患得除，民可賴以生產與遊樂。蘇軾可謂有心之人，爲民造福。杭有僧淨源居海濱，曾去高麗，朝野交譽蘇軾，後其王子義天來朝，因往拜蘇軾。淨源死，其徒竊持其像往告義天，義天亦使其徒來祭，因持其國母二金塔，言祝兩宮壽。軾不接納，奏以：「高麗久不入貢，失賜予厚利，意欲求朝，未測吾所以待之厚薄，故因祭亡僧而行祝壽之禮，若受而不荅，將生怨心，受而厚賜之，正墮其計，今宜勿與，知從州郡自以理却之，彼庸僧滑商爲國生事，漸不可長，宜痛加懲創。」朝皆從之。未幾貢使果至。舊例，使所至，吳越七州，費二萬四千餘緡，軾乃令諸州量事裁損，民獲交易之利，無復侵撓之害。至是藩屬高麗再度臣服中土，是軾所智服之者，進而收敦鄰睦邦之功。後軾又連奏，浚古河便公私行舟，避浮山之險；復言三吳水利，欲鑿挽路爲十橋，以迅江勢，皆爲惡軾者從中所沮，策不果用，人皆以爲恨事。蘇軾二十年間再涖杭州，有德於民，家有畫像，飲食必祝，又生作祠以報。後召爲吏部尙書，未至，以弟轍除右丞，改翰林承旨。轍辭右丞、欲與兄同備從官，不許。軾僅在翰林數月，又以讒請外調。以龍圖閣學士出知潁州。開封縣又多水患，軾遣吏以水平準之，而平水患活民於庸吏手下，尤爲難能可貴。又郡有宿賊尹遇等數刼貨殺人，又殺捕盜吏兵，朝廷以名捕不獲，被殺家，復懼其害，匿不敢言。軾召汝陰尉李直方告以：「君能禽此，當力言於朝，乞行優賞，不獲亦以不職奏免君矣！」直方有老母與訣而後往緝盜。緝知盜所，分捕其羽黨，手戟刺尹過得獲之。奏之朝廷，以功小不及推賞，軾請以己之年勞，當改朝散郎階爲直方賞，七年不報。讒小用事，可惡已極，可謂賞罰不明，良可嘆息，爲平盜救民而不報，是何可行？軾之受抑可得而知。尋徙揚州又請寬舟子之禁，朝廷從之，公私船夫，皆得濟飢寒而不爲盜。

己、尊王教戰，著書教子：

逮至蘇軾以兵部尚書召兼侍讀，是歲哲宗親祀南郊，軾爲鹵薄使導駕入太廟。有赭繖犢車並青蓋犢車十餘，爭道不避儀仗，軾使御營巡檢使問之，乃皇后及大長公主。時御史中丞李之純爲儀仗使，軾道：「中丞職當肅政，不可不以聞之。」純不敢言，軾於車中奏之，哲宗遣使齎疏馳白太皇太后，明日詔整肅儀衛，自皇后而下，皆勿得迎謁，尋遷禮部兼端明殿翰林侍讀兩學士，爲禮部尚書。高麗遣使請書，朝廷以故事盡許之，軾謂：「漢東平王請諸子及太史公書，猶不肯予，今高麗所請有甚於此，其可予乎？」上不聽，至宣仁后崩，哲宗親政，軾請補外，以兩學士出知定州。時國事將變，軾不得入辭。既行，上書言：「天下治亂，出於下情之通塞，至治之極，小民皆自通，迨於大亂，雖近臣不能自達。陛下臨御九年，除執政臺諫外，未嘗與羣臣接，今聽政之初，當以通下情，除壅蔽爲急務。臣日侍帷幄。方當戍邊，顧不得一見而行，況疏遠小臣，欲求自通難矣！然臣不敢以不得對之故，不效愚忠。古之聖人，將有爲也，必先處晦而觀明，處靜而觀動，則萬物之情，畢陳於前。陛下聖志絕人，春秋鼎盛，臣願虛心循理，一切未有所爲，默觀庶事之利害，與羣臣之邪正，以三年爲期，俟得其實，然後應物而作，使既作之後，天下無恨，陛下亦無悔。由此觀之，陛下之有爲，惟憂太早，不患稍遲，亦已明矣。臣恐急進好利之臣，輒勸陛下，輕有改變，故進此說。敢望陛下留神，社稷宗廟之福，天下幸甚。」軾至定州履新，定州軍政壞弛，諸衛卒驕惰不教，軍校蠶食其廩賜，前守不敢如何。軾取貪污者，配隸遠惡，繕修營房，禁止飲博，軍中衣食稍足。乃部勒戰法，衆皆畏伏。然諸校業業不安，有卒史以贓訴其長。軾告以：「此事吾自治則可，聽汝告，軍中亂矣！」立決配之。衆乃定。遇春季大閱，將吏久廢上下之分。軾命舉舊典，帥常服出帳中，將吏戎服執事，副總管王光祖自謂「老將」恥之，稱疾不至，軾召書吏使爲奏，光祖懼而出，訖事，無一慢者。定人言：「自韓琦去後，不見此禮至今矣！」可見其雖爲文士，治兵可稱嚴明，懂教戰之方策，眞不世之奇才。契丹久和，邊兵不可用，惟沿邊弓箭社與寇爲鄰，以戰社自衛，猶號精銳。故相龐籍守邊，因俗立法，歲久法弛，又爲保甲所撓。軾奏免保甲及兩稅折變科配，不報。紹聖初，御史論軾掌內外制曰：「所作詞命以爲譏斥先朝。」遂以本官知英州，尋降一官，未至，貶寧遠軍節度副使惠州安置，居三年泊然無所蔕芥，人無賢愚，皆得其歡心。又貶瓊州別駕，居昌化，昌化故儋耳地，非人所居，藥餌皆無，初僦官屋以居，有司猶謂不可。軾遂買地築室，儋人運甓畚土以助之。獨與幼子過處，著書以爲樂。時時從其父老游，若將終身於此。徽宗立，移廉州，改舒州團練副使，徙永州；更三大赦還，提舉玉局觀，復朝奉郎。自元祐以來，未嘗以歲課乞遷，故官止於此。建中靖國元年卒於常州，年六十六。鞠躬盡瘁一生，達到兼善天下，窮則獨善其身，可稱一代完人。

（注一）見孝經開宗明義章。
（注二）見宋史正傳。
（注三）見宋史本傳。
（注四）見宋史李定傳。
（注五）見宋史舒亶傳。

四、賈誼陸贄的影響

甲、賈誼的意念：

賈誼是漢初的一位博學多才，而有卓越政治思想的新人物。先依吳延尉，後薦之文帝，召爲博士，年僅二十餘，每逢有詔令議下，諸老先生不能發一言，誼盡爲之對答，人人皆感各如己意。在一年中超遷至大中大夫。誼以爲漢興二十餘年，天下和洽，宜當改正朔，易服色制度，定官名，興禮樂，迺草具其儀法。文帝謙讓尚未遑應用，議與誼以公卿之位，忌者及權臣讒毀賈誼，帝亦疏之，不用其議，而貶爲長沙王太傅。誼既去而不得意，過湘水而爲賦弔屈原。有鵩鳥入舍，因居長沙卑溼，自以爲不祥而傷，自悼將不壽，而作鵩鳥賦。後年餘文帝思誼而徵之，問鬼神之本，拜爲少子梁懷王太傅，以得投業之功，嘗問以天下之得失。又曾屢次上書論政。後梁王勝墜馬死，誼自傷爲傅無狀，常哭泣，年餘亦死。年三十三歲。所作除上述二篇外有惜誓，旱雲賦等，餘則有關政論集新書，凡十卷五十八篇。唐馬總言八卷，概有虛僞部分存在。而在其政論集中，堪稱代表作，常爲人所樂道者有：賈生過秦論，賈生陳政事疏，賈生論積貯疏，賈生請封建子弟疏，賈生諫封淮南四子疏，賈生諫放民私鑄疏。六篇皆可爲帝王治世之大法，謀臣之龜鑑，誠爲百代不易之論奏，影響至巨。前述之賦，後述之疏，均各有獨到之處，如賈生弔屈原文之意念：言賢者不遇則有：「逢時不祥，鸞鳳伏竄兮，鴟梟翱翔，闒茸尊顯兮，讒諛得志。聖賢逆曳兮，方正倒植。」美賢者之遠謫則有：「所貴聖人之神德兮，遠濁世而自藏：使騏驥可得係而羈兮，豈云異夫犬羊。」罪當道則有：「彼尋常之汙瀆兮，豈能容夫吞舟之巨魚；橫江湖之鱣鯨兮，固將制於螻蟻。」評者言其翻案甚高，要是憤激之詞。孫月峯言：「視鵩鳥賦稍較有騷人之致，氣甚豪蕩，詞亦瑰琦。」如鵩鳥賦之意念，誠乃多憂善感，不失書生本色。見鵩鳥入舍則憂禍至而爲不壽自傷，是齊禍之論。而以問答形式表出，自憂自解，文如自言自語，蘇軾前赤壁賦之筆法正有類此。言禍至則有：「異物來萃兮，私怪其故；發書占之兮，讖言其度曰：野鳥入室兮，主人將去。」論吉凶倚伏之理則有：「禍兮福所倚，福兮禍所伏；憂喜聚門兮，吉凶同域。」自解自廣則有：「其生兮若浮，其死兮若休，澹乎若深淵之靜，泛乎若不繫之舟，不以生故自寶兮，養空而浮。德人無累兮，知命不憂，細故蒂芥兮，何足以疑？」評者方伯海有言：「前半是見天道深遠難知，世間死生得喪，皆有定分，但未值其時，難以逆覩，私憂過計，總屬無益。安見鵩鳥不祥，此一自廣法也。後半見有生必有死，生不知其自來，死何妨聽其自往。而以達人、大人、至人、眞人、德人，博徵衆說，皆能自外形骸，不累死生，達觀曠懷，與道消息，卽鵩鳥爲不祥，何足驚怖，又一自廣法也。但誼所謂道，卽是清虛無爲之道。所謂命，卽是氣數之命。立言皆本莊老，至若聖人盡性至命之命，君子盡道而死之道，恐非所及也。」如惜誓篇，漢書賈誼傳，獨載弔屈原，鵩鳥二賦，而無此篇，故王逸雖謂：「或云誼作。」而存疑，不能明辨。獨洪興祖以爲其間數語，與弔屈原賦詞旨略同，當爲誼作無疑。朱熹則謂：「今玩其詞，實亦瓌異奇偉，計非誼莫能及，故特據洪說。」考其意念，則有：「黃鵠後時而寄處兮，鴟梟羣而制之；神龍失水而陸居兮，爲螻蟻之所裁。夫黃鵠神龍猶如此兮，況賢者之逢亂世哉。」又有：「俗流從而不止兮，衆枉聚而矯直。」又有：「已矣哉！獨不見夫鸞鳳之高翔兮，乃集大皇之壄，循四極而回周兮，見盛德而後下。」亟言賢者雖不遇於時，亦以不可枉屈爲高，如使趨走，亦不足稱賢，前述三賦亦足以表達賈誼爲文之意念所在。再觀蘇軾之屈原廟賦一篇所言：「吾豈不能高舉而遠遊兮，又豈不能退默而深居，獨嗷嗷其怨慕兮，恐君臣之愈疏，生既不能力爭而強諫兮，死猶冀其感發而改行。苟宗國之顚覆兮，吾亦何愛於久生。」等意念如出一轍。

又如賈生過秦論之意念則有：「然秦以區區之地，致萬乘之權，招八州而朝同列百有餘年矣！然後以六合爲家，殽函爲宮，一夫作難，而七廟隳，身死人手，爲天下笑者何也？仁義不施，而攻守之勢異也。」孫月峯言：「總一篇之意，以換來二句。」孫執升言：「古文有開口即提出主意，後乃層折瀾翻者，逐客書是也。有全篇不點主意，層次敲擊，至末方跌出者，此論是也。」姚鼐言過秦論三篇：「固是合後二篇義乃完。」如賈生陳政事疏之意念則有：「夫抱火厝之積薪之下，而寢其上，火未及然，因謂之安。」又有：「今海內之勢，如身之使臂，臂之使指，莫不制從，諸侯之君，不敢有異心，輻湊並進，而歸命天子。」又有：「故天下感知陛下之義，臥赤子天下之上而安，植遺腹，朝委裘，而天下不亂，當時大治，後世誦聖。」又有：「太子迺生而見正事，聞正言，行正道，左右前後皆正人也，夫習與正人居之，不能毋正。猶生長於齊，不能不齊言也。習與不正人居之，不能不正，猶生長於楚之地，不能不楚言也。」歸震川指爲：「此是千古書疏之冠，何止西漢第一。」如論積貯疏則有：「一夫不耕，或受之飢；一女不織，或受之寒；生之有時，而用之無度，則物力必屈。古之治天下，至孅至悉也，故其畜積足恃。」又有：「夫積貯者，天下之大命也。苟粟多而財有餘，何爲而不成。」此與蘇軾之諸議事文意念殊無二致，均以責實爲務。如請封建子弟疏之意念則有：「梁足以捍齊趙，淮陽足以禁吳楚，陛下高枕，終亡山東之憂矣，此二世之利也。」如請封淮南四子疏之意念則有：「竊恐陛下接王淮南諸子，曾不與如臣者孰計之也。」此二篇眞西山有言：「史所以評記本末者，以見誼前謂梁足以捍齊趙，後謂淮南王之子不可接王，其說驗也。」此猶蘇軾之無數讜論議辯，驗諸同世一理，餘者不足以泛論。綜賈誼之議論，理既切至，詞亦通暢，可稱意念純正，而識治世之大體，與君臣之義。蘇軾則均能服膺承受其意念。證諸蘇子瞻賈誼論則有：「非才之難，所以自用者實難；惜乎賈生王者之佐，而不能自用其才也。」的說法。可見蘇軾承認了賈誼是有才幹的人，不但有才，而且是不尋常的人才，可以佐天子以治理天下的王佐之才。而爲他惋惜的是：賈誼不能運用他自己的才幹，於是開頭一句就說：「非才之難，所以自用者實難。」又說：「夫君子之所取者遠，則必有所待；所就者大，則必有所忍。古之賢人，皆負可致之才，而卒不能行其萬一者，未必皆其時君之罪，或其自取也。」這就是說：一個有才德的君子，所可取的就是有遠大志向，但要行這一志向，就必須等待時機成熟，而且其所成就要偉大，就必須有忍耐的工夫。因而古來凡是賢明的人物，都俱備了可以成大事的才能，最終連一萬分之一都沒做出來的，不一定都是當時君上的罪過，有時候也是自己找出來的。這就是正面批評賈誼，雖然有高才大志，不能等待時機成熟；雖然打算有偉大的成就，却不能夠忍耐；他就是有成大事的高才，最終也沒表現出萬分之一來；所以說不一定是君上的錯，有時也是他自己招來的。可見蘇軾雖羨慕他的才能，但也惋惜他不能運用自己的才能。至於對賈誼文章議論的贊揚，可謂備至。對他得天子的知遇，也非常爲賈誼稱慶，而對他得天子知遇，又使自己陷於哭泣而至於死的境地，却大不以爲然。就如同說蘇軾要是賈誼，就大有所作爲了，蘇軾曾講，天下無堯舜，就沒有什麽作爲了！引原文來驗證一下，就知道這一推論是不錯的。原論載有：「愚觀賈生之論，如其所言，雖三代何以遠過。得君如漢文，猶且以不用死，然則是天下無堯舜，終不可以有所爲耶？」而後又引孔子事，明知天下不可爲而爲的故事以辯解。又引孟子事，以補助說明，「方今天下，舍我其誰」的自愛急進精神。天下尚不能用孔孟，這實在是天下不足有爲。而賈誼却非漢文不用，實應：「上得其君，下得其大臣」，不應「欲使其一朝之間，盡棄其舊而謀其新。」眞是太難了。這就是蘇軾認爲賈誼不妥的地方，處事待人技巧尚不够圓到，度量尚不够寬大。說到他「自傷哭泣，至於夭絕。」乃以「不善處窮」的人加之賈誼頭上。論到「夫謀之一不見用，則安知終不復用也。不知默默以待其變，而自殘至此。」可反映出蘇軾本人的主張和作風，雖一貶再貶三貶，未及任所而又遷徙，直貶到老，至於蠻荒的儋耳，被三赦方歸，均能泰然處之，所謂逆來順受，其量包乎天地之外，其風超乎日月之上。所以評賈誼爲「賈生志大而量小，才有餘而識不足也。」又悲其有志之未見用，亦所以自況，可見蘇軾已自認完全承受了賈誼的高世之才，也就是意念上的承受。

乙、陸贄的意念：

陸贄是唐德宗的一位賢臣，才識高邁，深解治國道術。他字敬輿，吳郡蘇人，年十八登進士第，以博學宏詞登科，授華州鄭縣尉，罷秩東歸壽春省母，壽州刺史張鎰，有賢名於當時，贄往謁，初不見知于鎰，留三日再與晤談，大加賞識，而結忘年之交。及辭去，鎰以百萬遺贈，願奉太夫人一日之膳，爲贄所遜辭不受，惟領新茶一串而已。是歲以書判拔萃，選授渭南縣主簿，再遷爲監察御史，德宗在東宮時，素知贄名，乃召爲翰林學士，轉爲祠部員外郎。贄秉性忠誠，旣居近職，密感人主。贄常思知遇必將有以報效，故政有缺遺，不問巨細，知無不陳，由此主上看待益厚。建中四年朱泚謀逆，贊從駕幸奉天，時天下鼎沸，叛亂多起，機務填委，徵發指蹤，千端萬緒，一日之內，詔書數百。贊揮翰起草，思如泉湧，初若不經思慮，既成之後，莫不曲盡事情，中於機會，胥吏簡札不暇，同舍皆服其能，轉考功郎中，依前充職。嘗啓奏德宗言：「今盜遍天下，輿駕播遷，陛下宜痛自引過，以感動人心。昔成湯以罪己勃興，楚昭以善言復國，陛下誠能不悋改過，以言謝天下，使書詔無忌，臣雖愚陋，可以仰副聖情，庶令反側之徒，革心向化。」德宗深以爲然，所以當行幸奉天時所下書詔，雖武夫悍卒，無不揮涕感激，大部爲贊所作。批評的人，都以爲德宗所以克平寇亂，不僅是神武之功，爪牙宣力，大體也是文德腹心之助。逮至還京師之後，李抱眞來朝，奏以「陛下在山南時，山東士卒，聞書詔之詞，無不感泣，思奮臣節，臣即時見人情如此，知賊不足平也。」贊在天子行在，帶本職拜諫議大夫，中書舍人，精敏小心，未嘗有過，艱難扈從，行在輒隨，啓沃謀猷，特所親信，雖有宰臣，參決多出於贊，一時目爲內相。暇時不以公卿指名，但呼陸九而已。初幸梁洋，棧道危狹，從官前後相失，上夜次山館，召公不至，泫然號於禁旅告以：「得陸贄者，賞千金。」頃刻贄至，太子親王皆賀。最初贄供職於內署，母韋氏尚在吳中，德宗遣中使迎至京師。道路置驛，文士榮之。至丁韋夫人憂去職，持喪於洛。贊以丁憂赴洛時，寓居嵩山豐樂寺，藩鎮賻贈及別陳餉遺，一無所取，唯有西川致遺，奏而受之。贊父初葬蘇州，至是欲合葬。上遣中使護其柩車至洛，其禮遇如此。免喪服終，權知兵部侍郎，依前職充學士。申謝日，贊伏地而泣，德宗爲之改容叙慰，恩遇既隆，中外屬意爲輔弼。而宰相竇參素忌贊，贊亦短參之所爲，言參黷貨，由此與參不和。貞元七年罷學士，正拜兵部侍郎知貢舉，時崔元翰、梁肅、文藝冠時，得人之盛，公議稱之。貞元八年四月，以贄爲中書侍郎門下同平章事。贄久爲邪黨所擠困，而得相位，意在不負恩獎，悉心報國，以天下事爲己任，事有不可，不論治兵、邊務、吏治、藩鎮，必據理諍諫。君上察物太精，躬臨庶政，失其大體，動與公違，姦諛從而離間，屢至不悅。親友規勸，贄則以「吾上不負天子，下不負吾所學，不恤其他。」贄精於吏事，斟酌剖決，不爽錙銖，其經綸制度，具在德宗實錄。及竇參納劉士寧之賂，爲李巽所發，得罪左遷。橫議者以爲罷相之議出於贄。戶部侍郎判度支裴延齡，以姦回得幸，害時蠹政，物議莫敢指言，贄獨以身當之，屢言不可。翰林學士吳通元忌贄先達，每切中傷，陰結延齡，互言其短。宰相趙憬，贄之引拔，升爲同列，以贄排邪守正，心復異之。羣邪沮謀，直道不勝。貞元十年退贄爲賓客，罷政事。明年夏旱，芻糧不給，軍校訴於上，延齡奏以「此皆陸贄輩怨望鼓扇軍人也。」貶贄忠州別駕，上怒不可測，賴陽城張萬福救之獲免。蜀帥韋令抗表，請以贄代己，歲賂資糧，贄在南賓，閉門却掃，郡人稀識其面。復避謗不著書，惟考校醫方，撰集驗方五十卷行於世，可謂有「不爲良相，則爲良醫」之令德。在江峽十稔，永貞初徵還，贄已逝世，享年五十有二。有制誥集十卷，奏草七卷，奏議七卷，詩文賦集表狀爲別集十五卷。觀其爲文，制誥則權古揚今，雄文藻思，敷伸爲文誥典謨，以成風氣。奏草則潤色論思，軍國利弊，巨細必陳。奏議則爲臣爲相，推賢與能，直舉措枉，淸平日月。詩文表狀賦則昭然時政，金石不朽之筆。考其諸多制作之意念，以臣事君言之，不斷其道。其文翰雖衆，如以其大者觀之，如奉天改元大赦制則有：「致理興化，必在推誠，忘己濟人，不吝改過。朕嗣守丕構，君臨萬方，失守宗祧，越在草莽。不念率德，誠莫追於既往，永言思咎，期有復於將來。明徵厥初，以示天下。惟我烈祖，邁德庇人，致俗化於和平，拯生靈於塗炭，重熙積慶，垂二百年。伊爾卿尹庶官，洎億兆之衆，代受亭育，以迄於今。功存於人，澤垂於後。肆予小子，獲纘鴻業，懼德不嗣，罔敢怠荒。然以長於深宮之中，暗於經國之務，積習易溺，居安忘危。不知稼穡之艱難，不察征戍之勞苦，澤靡下究，情不上通；事旣壅隔，人懷疑阻，猶昧省己，遂用興戎，徵師四方，轉餉千里，賦車籍馬，遠行騷然，行齎居送，衆庶勞止。或一日屢交鋒刃，或連年不解甲冑，祀奠乏主，室家靡依，生死流離，怨氣凝結，力役不息，田萊多荒，暴命峻於誅求，疲甿空於杼柚，轉死溝壑，離去鄉閭，邑里邱墟，人烟斷絕。天譴於上而朕不悟，人怨於下而朕不知。馴至亂階，變興都邑，賊臣起釁，肆逆滔天，曾莫愧畏，敢行陵逼，萬品失序，九廟震驚，上辱於祖宗，下負於黎庶，痛心靦貌，罪實在予，永言愧悼，若墜深谷，賴天地降祐，神人叶謀，將相竭誠，爪牙宣力，屛逐大盜，載張皇維，將弘永圖，必布新令，朕晨興夕惕，惟念前非……。」的罪己恕人意念。擬議減鹽價昭則有「朕丕承列聖之緒，遐覽前王之典，旣不克靜事以息用，又不獲弛禁以便人；征利滋深，疲甿致困，予則不恤，其誰省憂？江淮並峽內榷鹽，宜令中書門下及度支商議裁減估價兼籌革利害，速具條件聞奏，削去苛刻，止塞姦訛，務於利人，必稱朕意。」的利民便民意念。論兩河及淮西利害狀則有：「行軍用帥之道，顧方略何如耳，不在學古兵法，是知兵法者無他，見其情而通其變，則得失可辯，成敗可知。古人所以坐籌樽俎之間，制勝千里之外者，得此道也。」又有「伏以剋敵之要，在乎將得其人。馭將之方，在乎操得其柄。將非其人者，兵雖衆不足恃，操失其柄者，將雖材不爲用。兵不足恃，與無兵同。將不爲用，與無將同。將不能使兵，國不能馭將，非止費財翫寇之弊，亦有不戢自焚之災，自昔禍亂之興，何嘗不由於此。」的用兵馭將意念。奉天請數對羣臣兼許令論事狀則有「臣竊謂天子之道，與天同方。天不以地有惡木而廢發生，天子不以時有小人而廢聽納。帝王之盛，莫盛於堯，雖四凶在朝，而僉議靡輟，故曰惟天爲大，惟堯則之。是知人有邪直賢愚，在處之各得其所而已。必不可以忠良者少，而闕於詢謀獻納之道也。昔人有因噎而廢食者，又有懼溺而自沉者，其爲矯枉防患之慮，豈不過哉？願陛下取鑒於茲，勿以小虞而妨大道也。」又有「夫欲理天下而不務於得人心，則天下固不可理矣！務得人心而不勤於接下，則人心固不可得矣！務勤接下而不勤辯君子小人，則下固不可接矣！務辯君子小人而惡其言過，悅其順己，則君子小人固不可辯矣。趣和求媚，人之甚利存焉。犯顏取怨，人之甚害存焉。居上者，易其害而以美利利之，猶懼忠告之不藎，況有疏隔而勿接，又有猜忌而加損者乎？」的詢謨獻納，勤於接下意念。奉天請罷瓊林大盈二庫狀則有「夫國家作事，以公共爲心者，人必樂而從之；以私奉爲心者，人必咈而叛之。故燕昭築金臺，天下稱其賢，殷紂作玉杯，百代傳其惡，蓋爲人與爲己殊也。」的急公廢私意念。擬告謝昊天上帝冊文則有「誠懼烈祖之耿光，墜而不耀，側身思咎，庶補將來。上帝顧懷，誘衷悔禍，剿兇慝之凌暴，雪人神之憤恥。舊物不改，神心載新，茲乃九廟遺休，兆人介福。」的雪恥維新意念。擬告謝代宗廟文則有「臣自底不類，再罹播遷，宗祧之享，億兆靡依，下辜人心，上負光顧，敢愛隕越，苟全眇身。大懼社稷阽危，以增九廟之愧，由是忍恥誓志，庶補前羞。」的罪己補過意念。諸如前述之意念，盡爲蘇軾所採取，乃至發揮無遺。有唐以前的議論制奏，當推贄爲冠首。所以蘇軾在朝帖近承旨之日，侍讀於其君，則有進呈唐陸贄奏議劄子，其中略謂：「臣等才有限，而道無窮，心欲言，而日不逮，以此自愧，莫知所爲。竊謂人臣之納忠，譬如醫者之用藥，藥雖進於醫手，方多傳於古人，若已經效於世間，不必皆從於己出。伏見唐宰相陸贄，才本王佐，學爲帝師，論深切於事情，言不離於道德，知如子房，而文則過，辯如賈誼，而術不疏，上以格君心之非，下以通天下之志。但其不幸，仕不遇時。德宗以苛刻爲能，而贄諫之以忠厚，德宗以猜疑爲術，而贄勸之以推誠，德宗好用兵，而贄以消兵爲先，德宗好聚財，而贄以散財爲急。至於用人聽言之法，治邊馭將之方，罪己以收人心，改過以應天道，去小人以除民患，惜名器以待有功。如此之流，未易悉數。可謂進苦口之藥石，鍼害身之膏肓，使德宗盡用其言，則貞觀可得而復。臣等每退自西閣，即私相告言，以陛下聖明，必喜贄議論，但使聖民之相契，即如臣主之同時。……如贄之論，開卷了然，聚古今之精英，實治亂之龜鑑。……願陛下置之坐隅，如見贄面，反復熟讀，如與贄言，必能發聖性之高明，成治功於歲月……。」蘇軾對陸贄傾倒如此，可見他對陸贄的意念是完全承受的了。

五、莊列思想的蛻變

蘇軾本宋代大儒，博學多才，有賢臣之名，具忠義之實，長於經邦治國之道，善於救扶濟匡之術。王安石欲改變科舉，興學校，行新法，先後爲軾所抗議。指爲不知人，不責實，「使君相有知人之明，朝廷有責實之政，則胥史皀隸未嘗無人，而況於學校貢擧乎？」又言好大喜功，爲有名無實之政。不知便民利民爲何物。去常平，變青苗，「壞彼成此，所喪逾多，虧官害民，雖悔何及。」「何不以簡易爲法，以清淨爲心，而民德歸厚。」類此言論，不斷申述辯證，而爲安石所厭惡不悅，屢次外放蘇軾，鍛鍊蘇軾，甚至欲置蘇軾於死地。均賴君上眷顧，得以不死，結果爲官外放之日多，居內之日少。經常携眷轉徙，風塵僕僕於道路之上。而宵小當道，讒陷不停，於是蘇軾亦成神宗，哲宗時代長貶之官。未至新任，已三貶遷，如非達觀隨遇，心超日月，胸包宇宙，恐早死荒陬之中，所以其思想怎不渙然多變，又不能不從儒家思想範疇中，另尋新路，極自然蛻變爲有部分莊、列色彩。表現於其詩詞文賦之中，以抒遣其胸中鬱結。然蘇軾並非不知莊子之書非眞，祗承認其爲「寓言」，「莊子蓋似孔子者。」蘇軾曾有莊子祠堂記一篇，詳爲辯證在此不必贅言。然祗此一端可以明證，莊子寓言，及助孔子之思維，盡爲蘇軾取用，並加以消化而無餘。蓋莊、列本皆爲道家之言，同出一轍，而列禦寇之言，却多爲蘇軾所發揮。當蘇軾被貶爲黃州團練副使安置，年四十七，乃半年牢獄鍛鍊之餘，得君上之憐恤，方得苟全性命。時爲元豐五年七月十六日，有客來訪，便相携出遊於黃州赤鼻磯下而作赤壁賦以抒所懷。與客乘夜泛舟，有感於盛衰消長之理，借曹瞞與周郎事而發。此篇則暢論莊、列之思想於無遺，可稱天衣無縫之作。較之莊、列實有過之而無不及。賦中稱「蘇子曰」，以下全段均為莊、列思想之蛻變。如：「客亦知夫水與月乎？逝者如斯，而未嘗往也，盈虛者如彼，而卒莫消長也。蓋將自其變者而觀之，則天地曾不能以一瞬，自其不變者而觀之，則物與我皆無盡也。而又何羨乎！且夫天地之間，物各有主。苟非吾之所有，雖一毫而莫取，惟江上之清風，與山間之明月，耳得之而為聲，目遇之而成色，取之無禁，用之不竭，是造物者之無盡藏也，而吾與子之所共適。」觀此水月消長之理，變與不變之道，正如列子天瑞篇中所言：「有生不生，有化不化。不生者能生生，不化者能化化。生者不能不生，化者不能不化。故常生常化，常生常化者，無時不生，無時不化。陰陽爾！四時爾！不生者疑獨，不化者往復，往復其際不可終，疑獨其道不可窮。」至於「耳得之而為聲，目遇之而成色，取之無禁，用之不竭，是造物者之無盡藏也。」則完全為列子天瑞篇中所言：「故有生者，有生生者。有形者，有形形者。有聲者，有聲聲者。有色者，有色色者。有味者，有味味者。」又言：「生之所生者死矣，而生生者未嘗終。形之所形者實矣，而形形者未嘗有。聲之所聲者聞矣，而聲聲者未嘗發。色之所色者彰矣，而色色者未嘗顯。味之所謂者嘗矣，而味味者未嘗呈。皆無謂之職也。」莊子齊物論亦言：「日夜相代乎前，而莫知其所萌。已乎！已乎！旦暮得此，其所有以生乎？非彼無我，非我無所取，是亦近矣。而不知其所為使。」蘇軾曾有問養生一篇，其中所言，假問於吳子得二言：「曰和、曰安。」「和」則為不違寒暑晝夜之變，「安」則為浮海遇風而不眩嘔。軾則定論為：「安則物之感我者輕，和則我之應物者順，外輕成順而生理備矣。」蘇軾有如斯之養生要訣，雖食咀而不吐，眩舟而不嘔，否則豈能應跋涉之苦。而且此文又正是莊子養生主思想中所蛻變之作。莊子有言：「臣以神遇，而不以目視，官知止而神欲行，依乎天理，批大却，導大窾，因其固然。」（注一）又有言：「彼其所以會之，必有不蘄言而言，不蘄哭而哭者，是遯天倍情，忘其所受，古者謂之遁天之刑。」（注二）除此蘇軾尚有許多詩詞文賦，運用莊、列思想而成者，或引用原典者，不勝枚舉。所以自蘇軾赤壁二賦一出，無不贊揚其吐語高妙，使人讀之望如天際眞人。宋唐子西語錄言：「余作南征賦，或者稱之，然僅與曹大家爭雋耳，惟東坡赤壁二賦，一洗萬古，欲髣髴其一語，畢世不可得也。」此固蘇軾胸次浩瀚所至，殊不知亦出自莊子「上與造物者遊，而下與無死生，無終始者爲友。」由其思想所感召，方使唐氏傾倒如此之甚。

（注一）　見莊子養生主庖丁爲文惠君解牛章。

（注二）　見莊子養生主老聃死章。

六、神仙小說的幻想

小說之形成，大都發端於古代神話傳說之演述，我國神話傳說未嘗不多，終不能在秦漢以前，形成完整之小說出現，而僅有片斷流傳於民間，其原因不外是古代思想偏於實際生活之記載，以經世濟衆爲要務。故所成者，大部書頭，非經卽史。編纂文學史的人，便謂缺少浪漫精神所致（注一）。試觀莊子、楚辭、山海經、穆天子傳、淮南子、抱朴子諸書中，雖包含部份神仙故事之傳說，祇可視作神仙小說材料，尙不可稱爲說部。李善文選注引新論，桓譚言：「小說家，合殘叢小語，近取譬喩，以作短書，治身理家，有可觀之辭。」漢書藝文志，以黃帝諸篇，分屬道家、神仙、蓋本七略，七略又本別錄，劉子政誦習鴻寶，篤信神仙，而校典秘書，仍別方技於諸子之外，不相混殽。抱朴子內篇卽古之神仙家言也。雖人皆以內篇屬道家，然所擧仙跡神符，多至二百八十二種，絕無道家諸子在內（注二）。及班固之世則言：「小說家者流，蓋出於稗官，街談巷語，道聽塗說之所造也。孔子曰：雖小道必有可觀者焉，致遠恐泥。是以君子弗爲也。然亦弗滅也。閭里小知者之所及，亦使綴而不忘，如或一言可采，此亦芻蕘狂夫之議也。」如果以禮不存則求諸野之精神來論，神仙小說家言，豈不亦有可採摘者在？逮至魏晋所成之小說，如：託名東方朔之神異經、十州記、託名班固之漢武帝故事，漢武帝內傳。託名郭憲之洞冥記，託名劉歆之西京雜記以及陶潛之搜神後記等書，皆將古代之神話傳說材料，加以整理美化，被之以靈性，寫得神氣活現，而成神仙小說之言。再經南朝之宋、齊、梁、陳及隋而唐逮宋，小說之道大行，有史氏餘業之風。而蘇軾學問賅博，於經史之外，諸子百家，傍及神仙小說，無不有所研習，可謂細大不捐之學者。故其所爲文章如行雲流水，無所拘泥，思潮有如海水澎湃，永無遏止之時。每於蘇軾之詩詞文賦中，間出神仙故事，小說軼聞，如前章所述前赤壁賦中：「浩浩乎如馮虛御風而不知其所止，飄飄乎如遺世獨立羽化而登仙」兩句。以「馮虛御風」出處而言：雖莊子逍遙遊有：「夫列子御風而行，泠然善也。旬有五日而後反。」抱朴子內篇論仙中亦有：「躡玄波而輕步，鼓翮清塵，風駟雲軒，仰淩紫極，俯棲崑崙。」「馮虛御風」，卽「風駟雲軒」之變語，此神仙小說家之言，亦有道家意識存在。「遺世獨立羽化而登仙」之出處，楚辭遠遊則有：「美往世之登仙。」抱朴子對俗篇則有：「古之得仙者，或身生羽翼，變化飛行。」此二典皆出自神仙小說家的說法。後赤壁賦中則有：「俯馮夷之幽宮」又：「夢一道士，羽衣蹁躚。」又如蘇軾詞中，念奴嬌有：「人生如夢，一樽還酹江月。」又永遇樂中有：「古今如夢，何曾夢覺。」又如水調歌頭中有：「不知天上宮闕，今夕是何年？我欲乘風歸去，又恐瓊樓玉宇，高處不勝寒。起舞弄清影，何似在人間！」均有濃厚的神仙小說家的幻覺存在。尤其是在水調歌頭中秋詞之間更甚。以鐵圍山叢談載：「歌者袁綯嘗爲吾言：東坡公與客遊金山，適中秋夕，月色如畫，遂共登山頂之妙高臺，令綯歌其水調歌頭曰：『明月幾時有，把酒問青天……。』歌罷，坡爲起舞而顧曰：『此便是神仙矣！』蘇軾自言是神仙，可謂有徵而又可信的了。考其神仙小說幻覺最重之作品，莫過於潮州韓文公廟碑所附詩詞。宋元豐中，追封公昌黎伯，故榜曰：昌黎伯韓文公之廟。潮人請書其事于石，因作詩以遺之，使歌以祀公。其辭曰：「公昔騎龍白雲鄉，手決雲漢分天章，天孫爲織雲錦裳，飄然乘風來帝旁，下與濁世掃粃糠。西游咸池略扶桑，草木衣被昭回光，追逐李杜參翱翔，汗流籍湜走且僵，滅沒倒景不能望。作書詆佛譏君王，要觀南海窺衡湘，歷舜九嶷弔英皇，祝融先驅海若藏。約束鮫鱷如驅羊，鈞天無人帝悲傷，謳吟下招遣巫陽，犪牲雞卜羞我觴，於餐荔丹與蕉黃，公不少留我涕滂，翩然被髮下大荒！」不僅聲音鏘鏗，拍節協和，撲朔迷離，意氣萬丈；非但堪稱才子文章，曠世之作；且爲仙氛繚繞，稀有神品，非軾而不能爲也。實較屈、宋、莊、列超忽，而越抱朴、伯陽，可謂集玄言登眞之大成，而非神仙小說家中人物，幻覺豐富，無與倫比。

（注一）語見中國文學發展史。魏晉的神怪小說。

（注二）語見抱朴子內篇序。

七、佛釋精神及林下生活的酷好

金剛經大乘正宗分第三有言：「佛告須菩提諸菩薩摩訶薩應如是降伏其心。……若菩薩有我相、人相、衆生相、壽者相、卽非菩薩。」換言之，降伏人心，卽無「我相」存在心中。無我卽無私，非但爲佛，卽爲世人，亦當爲上品之人。又觀六祖壇經所載六祖惠能因悟本性而作偈言：「菩提本無樹，明鏡亦非臺，本來無一物，何處惹塵埃。」五祖暗令其三鼓入室，祖以袈裟遮圍，不令人見，爲說金剛經，至應無所住而生其心。惠能言下大悟：「一切萬法，不離自性。」後爲六祖。壇經又言：「一念平直，卽是衆生成佛，我心自有佛，自佛是眞佛。自若無佛心，何處求眞佛。汝等自心是佛，更莫狐疑。」此經爲最深入淺出之言佛者。人一心爲善，何事不濟，何功不成，何德不修？當讀宋史蘇軾傳至徙知徐州，河決曹村，泛於梁山泊，溢於南靖河，滙於城下，漲不時洩，城將敗，富民爭出避水。軾言：「富民出，民皆動搖，吾誰與守？吾在是，水決不能敗城。」驅使復入，軾至武衛營，厲聲呼曰：「河將害城，事急矣！雖禁軍且爲我盡力。」卒長曰：「太守猶不避塗潦，吾儕小人當効命。」率領隊伍，持畚鍤傾營而去，築東南長堤，堤成，大雨日夜不停，水三漲而城不沈。軾廬甜堤上，過家門而不入，使官吏分堵以守，終保得全城。如斯精神便是佛在其心云！便是自性得現，便是無我相。又宋代小說選宋人費袞所作，東坡卜居陽羨，一篇言：『建中靖國元年，東坡自儋北歸，卜居陽羨，陽羨士大夫，猶畏而不敢與之遊。獨士人邵民瞻從學于坡，坡亦喜其人，時時相與杖策，過長橋，訪山水爲樂。邵爲坡買一宅，爲錢五百緡，坡傾囊僅能償之。卜吉入新第，既得日矣，夜與邵步月，偶至一村落，「聞婦人哭聲極哀。坡徙倚聽之曰：「異哉！何其悲也？豈有大難割之愛，觸於其心歟？吾將問之。」遂與邵推扉而入，則一老嫗，見坡，泣自若，坡問嫗何爲哀傷至是？嫗曰：「吾家有一居，相傳百年，保守不敢動，以至於我。而吾子不肖，遂舉以售諸人，吾今日遷徙來此。百年舊居，一旦訣別，寧不痛心？此吾之所以泣也。」坡亦爲愴然，問其故居所在？則坡以五百緡所得者也。坡因再三慰撫，徐謂之曰：「嫗之舊居，乃吾所售也，不必深悲，今當以是屋還嫗。」卽令取屋劵，竟不索其值。坡至是遂還毗陵，不復買宅，而借顧唐橋孫氏居暫憇焉。是歲七月，坡竟歿于借居。前輩所爲，類如此，而世多不知，獨吾州傳其事云。』由此觀之，一念平直眞乃衆生成佛。而蘇軾至死不違善道，可謂深得佛釋精神，不祇常與衆僧侶長老交遊往還，或作唱合，爲寺院作贊而已。蘇軾不但行爲如此，更深入佛釋法理之堂奧。於元祐二年五十二歲爲翰林學士，除侍讀時，曾爲興國寺浴室院六祖畫贊一首：「少林傃壁，不以爲礙，彌天同輦，不以爲泰；稽首六師，昔晦今明，不去不來，何損何增？俯仰屈信，三十一年，（注一）我雖日化，其孰能遷之。」可謂東坡居士之自偈。蘇軾逮至晚年好佛愈甚，有關佛釋之作、記、銘、頌、偈、贊、書後計得二十三篇，中以阿彌陀佛頌爲最肖佛門得道高僧之口吻，摘錄如下：「佛以大圓覺，充滿阿沙界，我以顚倒想，出沒生死中，云何以一念，得往生淨土，我造無始業，本從一念生，既從一念生，還從一念滅，生滅滅盡處，則我與佛同，如投水海中，如風中鼓橐，雖有大聖智，亦不能分別，願我先父母與一切衆生在此，爲西方所遇皆極樂，人人無量壽，無往亦無來。」實得悟佛釋眞諦之言。蘇軾於元豐四年四十六歲，貶居黃州時，窮困乏食。請故營地之東地，擬築室安家，而名之東坡。考東坡八首序言：「余至黃二年，日以困匱，故人馬正卿哀予乏食，於郡請故營地使躬耕。」次年始築雪堂。而有

「去年東坡拾瓦礫，今年刈草蓋雪堂」（注二）之句。雪堂位於黃州門南四百三十步。按雪問言：「蘇子得廢圃於東坡之脅，號其正曰雪堂，以大雪中爲之，因繪雪於四壁之間，無容隙。」自書「東坡雪堂」四字以榜之。風景頗不俗。「堂前則有細柳，前有浚井，西有微泉，堂之下則有大冶長老桃花、茶巢，元修菜，何氏叢橘，種秔稌，蒔棗栗。有松期爲可斵，種麥以爲奇事，作陂塘，植黃桑，皆足以供歲用，以點綴雪堂之勝。」由長短句擬斜川觀之：「元豐壬戌之春，予躬耕東坡，築雪堂以居之。南挹四望亭之後，西控北山之微泉，慨然而歎，此亦斜川之遊也，作江城子詞。」軾實酷愛林下之生活，而厭冠帶明矣。去此十五年紹聖三年六十一歲，貶至惠州再營白鶴新居。和陶淵明移居詩序：「余去歲三月，自水東嘉祐寺遷去合江樓迨今一年，得歸善後隙地數畝，父老云：古白鶴觀也，意欣然居之。」有齋命爲思無邪齋，斫木陶瓦、作屋二十間，擬長住。四年五月責授瓊州別駕，昌化君安置。初僦官屋，以庇風雨，有司猶謂不可，則買地築室昌化，士人畚土運甓以助之，爲屋三間。與程儒書言：「近與兒子，結茆數椽居之，勞費不貲矣！賴十數學者助作，躬泥水之役。……新居在軍城南，鄰於天慶觀。」自於傍盤乳泉，較初謫儋耳時，無地可居，偃息於桄榔林中爲安多矣。此後迄未再營私宅，常奔波於道塗之上，未得安居，竟客死於常州。

（注一）蘇軾於二十二歲時曾居興國寺浴室院。時嘉祐二年事。

（注二）見贈孔毅甫詩。

八、詩人的氣質

甲、晉唐詩人的潛移默化：

詩文的形成本屬同理，均以舊經驗爲基礎，由刺激而反應出「心所知的物，物所感的心。」（注一）如是可見產品本無時間空間之限制存在。所以詩文之區別，祇是形式上與手段上之不同而已。及其爲詩爲文，均必須有一完整而優美的意念，以文字表現出來。詩經小序有言：「詩者志之所之也，在心爲志，發言爲詩。情動於中而形於言，言之不足故嗟歎之，嗟歎之不足，故詠歌之，詠歌之不足，不知手之舞之，足之蹈之也。情發於聲，聲成文，謂之音。治世之音，安以樂，其政和。亂世之音，怨以怒，其政乖。亡國之音，哀以思，其民困。故正得失，動天地，感鬼神，莫近於詩。先王以是，經夫婦，成孝敬，厚人倫，美教化，移風俗。」由此可明詩之本質，變化，形式，作用。所以詩文並非能限定於某些人能作便爲詩人，某些人不能常作便非詩人。其本非詩人，而偶成佳品者，亦不能言其作品不爲詩人所作，作者不爲詩人。蓋其作品有詩之本質存在，而其作者亦必有詩人之品質存在。所以以蘇軾之作品言之，爲詩十九卷，共一千四百七十五首之多。詞十三首。賦七首。銘二十篇。頌一首。贊十七首。論八篇。策問十七篇。雜文二十二篇。叙十五篇。字說三篇。表狀三十三篇。表十六篇。啓四十一篇。書三十篇。記三十二篇。碑二篇。傳二篇。靑詞二篇。祝文三十四篇。祭文二十五篇。行狀一篇。神道碑二篇。墓誌四篇。釋論二十三篇。樂府（詞）二百零五闋。雖不能說有篇章以來未見有如此之富者，但亦可稱有宋以來之最多產作家之一。才賫之高邁，作品之精美，亦可稱唐宋文士中之冠冕。綜其作品，不分種類，讀之均可令人樂不忍釋。蘇軾嘗自謂：「作文如行雲流水，初無定質，但當行於所當行，止於所不可不止。雖嬉笑怒罵之辭，皆可書而誦之。」雖其自況如此，亦不爲過。成就所以如此之盛者，化人之所以如斯之深者，蓋其有充分之「詩人的品質」存在，而所以然者。其他著作如易傳，書傳，論語說，仇池筆記，東坡志林諸書，姑不逮論。

詩文之成就不能遠離舊經驗，而舊經驗者，卽爲潛在之意識作用。所謂潛在之意識作用爲何？卽前人意識形態之承受。蓋因人接觸範圍之大小，愛好之不同，遭遇之有別，生活之安困，而使其潛在意識必有所歸依，有所傾向。後世之論者，常以何人之作乃模仿何人者而疵之，殊不知後人之制作，正是前人文化意識之選擇發揮及轉播而已。綜觀蘇軾思想之形成，除有前述諸多成分存在外，尚有晉、唐諸大詩人之潛在意識。所成之詩文，時而包含陶潛之潛在意識，時而隱藏李白、杜甫、白居易之潛在意識。因其酷愛林下生活，曾營東坡雪堂，白鶴新居，於儋耳曾躬泥水之役，而愛陶潛之田園生活，故常有陶潛之潛在意識存在。並擴而大之則符合陶潛之「歸去來」、「暫與園田疏……終返班生廬。」「勉勵從茲役……終懷在歸舟。」「過門更相呼，有酒斟酌之。」「奇文共欣賞，疑義相與析。」「有生必有死。」「身非我有也，既生不得不全之。」「衣食常須記，力耕不吾欺。」「秉耒力時務，解顏勸農人。」「田家豈不苦，弗獲解此難，但願常如此，躬耕非所難。」諸意識，舉不勝煩。而蘇軾亦有完全擬仿陶潛之歸去來辭而作歸來引一篇，用送王子立歸筠州兼以自況。所擬唯妙唯肖，略謂：「歸去來兮，世不汝求，胡不歸？泂北望之橫流兮，渺西顧之塵霏，紛野馬之決驟兮，幸余首之未羈？出彭城而南騖兮，眷丘隴而增欷。亂清淮而俯鑒兮，驚昔容之是非，念東坡之遺老兮，輕千里而款余，扉共雪堂之清夜兮，攬明月之餘輝，曾雞黍之未熟兮，歎空室之蛜蝛。我挽袖而莫留兮，僕夫在門歌式微。歸去來兮，路渺渺……。」由此觀之，軾之爲官，乃限於唐、宋之法律，而不能不爲，如早生晉世，何患其不從陶氏遊掛冠而去。更有書林次中所得李伯時歸去來陽關二圖後二首，詞意綿綿若現，餘雜詩文中不與條舉。

因顚沛流離，疏貶放逐，於抑鬱之餘，不能不在詩文中另找出路，以求發洩衷結苦腸。在歷史上以詩文見稱，帶有謫仙之逸號，與深被道家神仙彩色之唐代詩仙李白、無論才學、詩文、政事、愛好、逸氣、豪爽、放蕩、感情、蘇軾均堪稱爲異代化身。當然詩文的風格，各有獨到之處，一己之長；李白有他的突出作品；蘇軾有他的獨步詩詞。然而此處所討論者，乃是蘇軾詩詞中却「大大的潛伏下」李白之意向。蓋因同病相憐之故，或者是私淑之故，也未可定論。試舉李白蘇軾各兩首詩詞作一對照，即不難看出在蘇軾之作品中，畢竟是有了李白的潛在意識形態。李白之月下獨酌：「花間一壺酒，獨酌無相親，舉杯邀明月，對影成三人。月既不解影，影徒伴我身，暫伴月將影，行樂須及春。我歌月徘徊，我舞影零亂，醒時同交歡，醉後各分散。永結無情遊，相期邈雲漢。」蘇軾之水調歌頭：「明月幾時有？把酒問青天，不知天上宮闕，今夕是何年？我欲乘風歸去，又恐瓊樓玉宇，高處不勝寒。起舞弄清影，何似在人間！轉朱閣，低綺戶，照無眠。不應有恨，何事偏向別時圓？人有悲歡離合，月有陰晴圓缺，此事古難全。但願人長久，千里共嬋娟。」以情、境、意來講，完全不差，所差者乃文字表現上之形式不同而已。李白之渡荊門送別：「渡遠荊門外，來從楚國遊。山隨平野盡，江入大荒流。月下飛天鏡，雲生結海樓。仍憐故鄉水，萬里送行舟。」蘇軾之常潤道中有懷錢塘寄述古：「草長江南鶯亂飛，年年事事與心違。花開後院還空落，燕入華堂怪未歸。世上功名何日起，樽前檢點幾人非？去年柳絮飛時節，記得金籠放雪衣。」二者，一爲送別，一爲敍別，一言渡荆遊楚，是說的江南。一言草長鶯飛，也提到江南。一言山盡水流，一言事與心違。均爲常態。一言水上雲月倒影。一言花開空落後院，皆爲自然現象之幻變而已。一言仍憐故鄉水。一言燕入怪未歸，皆爲思鄉懷舊之辭，皆爲思潮之高峯主流出現。餘則各言其事，一爲送行，一爲懷舊，祗限敷陳不同而已。豈非同工異曲？所以評論家陳師道有言：蘇詩始學劉禹錫，故多怨刺，學不可不謹也。晚學太白，至其得意，則似之矣。然失於粗，以其得意也。」(注二)可見蘇軾作品中常有李白之潛在意識存在。

蘇軾終身爲讒小所忌，遷貶放逐，疲於奔命，而志懷君恩，眼望民憂，常陷於愛莫能助，恨不能報之心湖中，所以不能不懷抱孤憤沉鬱。如此心境洽與杜甫遭遇相類似，加之二人之忠厚誠樸性格，深厚之素養，更是不相上下。所以蘇軾對杜詩贊不絕口道：「古今詩人衆矣，而子美獨爲首者，豈非以其流落饑寒，終身不用，而一飯未嘗忘君者也。」軾又有次韻張安道讀杜詩：「大雅初微缺，流風困暴豪，張爲詞客賦，變作楚臣騷，輾轉更崩壞，紛綸閱俊髦，地偏蕃怪產，源失亂狂濤。粉黛迷眞色，魚蝦易豢牢，誰知杜陵傑，名與謫仙高，掃地收千軌，爭標看兩艘，詩人例窮苦，天意遣奔逃。塵闇人亡鹿，溟飜帝斬鼇，艱危思李牧，述作謝王褒。失意各千里，哀鳴聞九皋，騎鯨遁滄海，捋虎得綈袍。巨筆屠龍手，微官似馬曹，迂疎無事業，醉飽死遊遨。簡牘儀刑在，兒童篆刻勞，今誰主文字，公合把旌旄。開卷遙相憶，知音兩不遭，般斤思郢質，鯤化陋鯈濠。限我無佳句，時蒙致白醪，慇懃理黃菊，未遣沒蓬蒿。」以蘇軾之資質，何以如是之傾服不已？杜詩必有與其痛癢相關之處。試觀杜甫之草堂：「一國實三公，萬人欲爲魚，唱和作威福，孰肯辯無辜？眼前列杻械，背後吹笙竽，談笑行殺戮，濺血滿長衢。到今用鉞地，風雨聞號呼！鬼妾與鬼馬，色悲充爾娛。」這段詩是嚴武剛離成都，徐知道於成都造反，被高適擊潰後，旋被其部將李忠厚所殺。這段混亂情形，乃兩年後杜甫再回草堂，追想當時殺戮之慘境而作。類似作品，於抑壓憂憤中現出雄渾剛勁，豈不正中軾懷。所以經常在蘇軾之詩文中，亦有杜甫之潛在意識存在。

乙、孤高自潔及書畫情趣：

詩人自古皆有孤高自潔之雅癖，至於書畫情趣，則各有偏好獨愛，而蘇軾則兼而有之。世人則常以恃才傲物譏之，謂不合於時，以至放疏謫貶。此種不通之論，何堪釋言？蘇軾幼時，母教嚴明，「及冠則博通經史，屬文日數千言，好賈誼、陸贄書，既而讀莊子歎曰：「吾昔有見，口未能言；今見是書，得吾心矣。」（注三）夫青出於藍，而勝於藍；氷生於水，而寒於水。蓋名師自有高徒，蘇軾之于賈、陸、莊生，實屬私淑之倫，雖不能認爲師生，然確能得其眞髓。以天下高才博學强識，復染于賈、陸、莊生之道，爲韓琦、歐陽修之所愛，神、哲二宗之所寵，宣仁皇后之所偏崇。試對皆爲士子之冠，策論出羣，施政則本教化，救民如已溺，愛君而忘身，斥妄如破釜，除惡如沉舟，權小勤讒陷，長流如配囚，雖三赦而還朝，亦終不爲大用。神宗歎爲奇才，不幸與安石成對頭，誠蒼天厭才所至，試問蘇軾如何能不孤高？然回到現實，孤高常「年年事事與心違……」又不得不以自潔爲尚。雖然有遠大理想，皆爲時勢所黜，空歎奈何！孔子曰：「窮則獨善其身，達則兼善天下。」是大丈夫所必經之路。故蘇軾獨美韓愈之送李愿歸盤谷序謂：「唐無文章，惟昌黎送李愿歸盤谷而已。」功名誰不要？知遇誰不求？「是有命焉，不可幸而致也。窮居而野處，升高而望遠，坐茂樹以終日，濯清泉以自潔。採於山，美可茹，釣于水，鮮可食，起居無時，惟適之安。……」是大丈夫不遇時之所爲……蘇軾自然行之。由此觀之，大丈夫之不遇，則必然孤高自潔，豈能流於世俗之染？至於其不能發揮心志於政事，必寄情於書畫詩酒之上，遨遊於山水之間。蘇軾嘗爲題壁、求書、贈書、題畫、贊畫、觀墨，有詩可尋者，於東坡集中有百餘首之多，亦有記其事迹者，亦有不暇事記其迹者。總之其對書畫一道不但酷好，且有深厚之修養，及至今世，尚多有其眞迹流傳民間，如四美堂所收蘇東坡字帖，宋拓豐樂亭記全碑及精品合壁附集聯，其他多不勝數。畫則有山水、墨竹、朱竹、自畫像等作品。無論書畫，雖隔千年，精神猶在，使人能體會其造境之淵深幽眇，筆力之蒼勁豪放。如留題仙遊潭中興寺，寺中有玉女洞，洞南有馬融讀書石室。過潭而南，山石益奇，潭上有橋，畏其險不敢渡。則題壁有詩：「清潭百丈皎無泥，山木陰陰谷鳥啼，蜀客曾遊明月峽，秦人今在武陵溪，獨攀書室窺巖竇，還訪仙姝款石閨，猶有愛山心未至，不將雙脚踏飛梯。」蓋其膽小不敢渡樑故也。而其於畫則最愛文與可畫及韓幹畫馬。其有戒壇院文與可畫墨竹贊一首：「風梢雨籜，上傲冰雹，霜根雪節，下貫金鐵；誰爲此君，與可姓文，惟其有之，是以好之。」簡潔風趣而深入，可謂內行，及其韓幹畫馬贊，則爲一澆愁發鬱之詞。其言曰：「韓幹之馬四。其一在陸，驤首奮鬣，若有所望，頓足而長鳴。一欲涉水，高首下擇所由濟，跼蹐而未成。其二，在水前者，反顧，若以鼻語，後者不應，欲飲而留行，隅目聳耳，豐臆細尾，皆中度程，蕭然如賢大夫，貴公子相與解帶脫帽，臨水而濯纓，遂欲高擧遠引，友麋鹿而終天年，則不可得矣！蓋優哉游哉，聊以卒歲而無營。」而其本身之作畫也，或人言：「一日有人求軾爲竹，一時無墨，軾則取朱筆揮而成之。觀者問焉：『竹有赤者乎？』軾則答以：『竹有墨者乎？』問者詞窮而歎服。」此亦一趣談也。由此可知，軾之爲詩作畫，並非毫無思想之意匠。至其在詩文上之同情，則比比皆是，不必細言，對親故僚友，外方僧道之相贈答者皆是。據計軾與子由詩一項，載之詩集中者，爲九十二首，可謂用情深矣！不失其爲手足也。擇其中人所樂道者有：和子由澠池懷舊一首：「人生到處知何似，應似飛鴻踏雪泥，泥土偶然留指爪，鴻飛那復計東西。老僧已死成新塔，壞壁無由見舊題，往日崎嶇還記否？路長人困蹇驢嘶。」蓋言往歲馬死於二陵，騎驢至澠池。在夕陽古道之上，東坡牽驢而行，奔向澠池探弟，實在手足情深！也是自然圖畫，古道柔腸。及其長短句之蝶戀花：「花褪殘紅青杏小，燕子飛時，綠水人家繞，枝上柳綿吹又少，天涯何處無芳草？牆裏千秋牆外道，牆外行人，牆裏佳人笑，笑漸不聞聲漸杳，多情却被無情惱。」這闋詞，是軾在惠州，與朝雲閑坐，時青女初至，落木蕭蕭，悽然有悲秋之意，命朝雲把大白，唱「花腿殘紅。」朝雲歌喉將轉，淚滿衣襟。軾詰其故。答以：「奴所不能歌者，是：『枝上柳綿吹又少，天涯何處無芳草。』也。」軾翻然大笑：「是吾正悲秋，而汝又傷春矣，」遂罷其唱。朝雲不久抱疾而亡，蘇軾終身不復聽此詞。（注四）此爲兒女之情深。至於蘇軾飲酒、醉酒之作亦多不勝數，而皆非如俗人之醉酒無品者所爲。其有臨江仙一闋：「夜飮東坡醒復醉，歸來髣髴三更。家童鼻息已雷鳴，敲門都不應，倚杖聽江聲。長恨此身非我有，何時忘却營營？夜闌風靜縠紋平。小舟從此逝，江海寄餘生！」詞境悽惋，動人憐愛。這是軾量移汝州，與數客飲江上，夜歸，江面天際，風露皓然，有當其意，乃作歌辭：「夜闌風靜縠紋平，小舟從此逝，江海寄餘生！」與客高歌數過而散。翌日喧傳蘇軾夜作此詞，掛冠服江邊，拏舟長嘯而去。郡守徐君猷聞之，驚且懼，以爲州失罪人，急命駕往謁。則軾鼾聲如雷，猶未興起。然此語卒傳至京師，雖裕陵亦聞而疑之，他如春日詩：「鳴鳩燕乳寂無聲，日射西窗潑眼明，午醉醒來無一事，只將春睡賞春晴。」眞乃至性之人，酒醉惟有一睡已耳。其他遊山玩水，惜花愛物之作，品類繁多，祗登盧山一處，詩詞亦不知凡幾，西湖之作亦佳，餘不待言。

（注一）見「文藝心理學」

（注二）見「后山詩話」

（注三）見「宋史蘇軾傳」

（注四）事見「林下詞談」

九、復古的遠見及古文的主張

蘇軾試禮部時，正値磔裂詭異之文，盛行天下，主司歐陽修思有以救其弊，得軾刑賞忠厚之至論驚喜，欲擢爲冠冕，又疑其門客曾鞏所爲，但置第二。復以春秋對義居第一。後殿試中乙科，稍後又對制策，入三等，而成爲有宋以來制策第二位入三等者，蓋其爲文主要有復古之遠見所使然。刑賞忠厚之至論之主要論點爲：「堯、舜、禹、湯、文、武、成、康之際，何其愛民之深，憂民之切，而待天下以君子長者之道也。有一善，從而賞之，又從而詠歌嗟嘆之，所以樂其始，而勉其終。有一不善，從而罰之，又從而哀矜懲創之；所以棄其舊，而開其新。故其吁俞之聲，歡休慘戚，見於虞夏商周之書。」以及「君子之已亂，豈有異術哉？時其喜怒，而無失乎仁而已矣。春秋之義，立法貴嚴，而責人貴寬，因其褒貶之義以制賞罰，亦忠厚之至也。」春秋對義主要論點：「夫春秋者，禮之見於事業者也，孔子論三代之盛，心歸於禮之大成；而其衰，必本于禮之漸廢。君臣父子上下，莫不由禮而定其位，至以爲有禮則生，無禮則死，故孔子自少至老，未嘗一日不學禮，而不治其他。以之出入周旋，亂臣強君莫能加焉。知天下莫之能用也，退而治其紀綱條目，以遺後世之君子。則又以爲不得親見於行事，有其具而無其施設措置之方，於是因魯史記爲春秋。……」及軾對制策，入三等之所作，亦皆莫不以復古爲其意念者。逮至與王安石變法之意見不合，責其爲：「使君相有知人之明，朝廷有責實之政，則胥史皀隸未嘗無人，而況學校貢舉乎？」又：「且常平之法，可謂至矣！今欲變爲青苗，壞彼成此，所喪逾多，虧官害民，雖悔何及。」又軾由汝去常道過金陵見王安石嘗言：「大兵大獄，漢唐滅亡之兆，祖宗以仁厚治天下，正欲革此。今西方用兵連年不解，東南數起大獄，公獨無一言以救之乎？」以及司馬光爲相，欲改免役法而行差役法，問軾、則答以：「法相因則事已成，事有漸則民不驚，三代之法，兵農爲一，至秦始分爲二，及唐中葉盡變府兵，爲長征之卒，自爾以來，民不知兵，兵不知農，農出穀帛以養兵，兵出性命以衞農，天下便之。雖聖人復起，不能易也。今免役之法，實大類此，公欲驟罷免役，而行差役，正是罷長征，而復民兵，蓋未易也。」諸如此類，均爲蘇軾於政治上復古之遠見。

蘇軾在古文上之主張：一、非勉强所爲之文。其南行集叙有言：「夫昔之爲文者，非能爲之爲工，乃不能不爲之爲工也。山川之有雲，草木之有華實，充滿勃鬱，而見於外，夫雖欲無有，其可得耶？自少聞家君之論文，以爲古之聖人有所不能自已而作者。故軾與弟轍爲文至多，而未嘗敢有作文之意。」二、博學篤志，不但爲文而成功名。其送章子平詩叙稱其詩文之美有言：「子平以文章之美，經術之富，政事之敏；守之以正，行之以謙，此功名富貴之所追逐，而不赦者也。」三、爲文必有堅强的毅力暗自磨鍊；其牡丹記叙有言：「然鹿門子常怪宋廣平之爲人，意其鐵心石腸，而爲梅花賦，則清便豔發，得南朝徐庾體。今以余觀之，凡託於椎陋以眩世者，又豈足信哉！余雖非其人，强爲公紀之，公家書二卷，博覽强記，遇事成書，非獨牡丹也。」四、文必不待他人爲文而後得傳，方爲佳品，其錢塘勤上人詩集叙有言：「熙寧七年余自錢塘將赴高密，勤出其詩若干篇，求余文以傳於世，余以爲詩非待文而傳者也，若其爲人之大略，則非斯文莫之傳也。」五、爲文不能好名：其晁君成詩集引有言：「有其實而辭其名者，必有後也。」六、爲文不宜廢道而事穿鑿成篇：其鳧繹先生詩集叙有言：「自今以往，文章其日工，而道將散矣！士慕遠而忽近，貴華而賤實，吾已見其兆矣！」七、為文當情止於忠孝：其王定國詩集敍有言：「若夫發於情，止於忠孝者，其時豈可同日而語哉？古今詩人衆矣！而杜子美爲首，豈非以其流落饑寒，終身不用，而一飯未嘗忘君也歟？」八、爲文以誠於中而形於外爲主：其范文正公文集敍有言：「其於仁義禮樂忠信孝弟，蓋如饑渴之於飲食，欲須臾忘，而不可得，如火之熱，如水之濕，蓋其天性有不得不然者，雖弄翰戲語，率然而作，必歸於此。故天下信其誠，爭師尊之。」九、文本承前啓後，辭當簡明信通以推至理：其居士集敍有言：「歐陽子其學，推韓愈孟子以達於孔氏，著禮樂仁義之實，以合於天道，其言簡而明，信而通，引物連類，折之於至理，以服人心，故天下翕然師尊之。」十、文以載道，一言爲法，以參天地之化育爲目的；其潮州韓文公墓碑有言：「匹夫而爲百世師，一言而爲天下法，是皆有以參天地之化，關盛衰之運，其生也有自來，其逝也有所爲矣！」又言：「文起八代之衰，而道濟天下之溺，忠犯人主之怒，而勇奪三軍之帥，此豈非參天地，關盛衰，浩然而獨存者乎？」凡舉其要者十條，可賅括其對古文之主張。軾嘗自謂：「作文如行雲流水，初無定質，但當行於所當行，止於所不可不止。雖嬉笑怒罵之辭，皆可書而誦之。」蓋此亦足以表明其在古文上坦然之見解。又可見其文之自然流露，絲毫不假雕琢也。

十、先代詞人的刺激及其獨立風格

詞本脫胎於長短句，又被稱爲詩餘，原係樂府之變體。古樂府迄唐，亦不可復歌。唐代所謂樂府，乃五、七言詩，及外來樂曲與民間俗曲，皆有固定曲調以供演唱，依調塡入辭句，卽爲詞，故句子長短不一。唐代名家樽前集作者李白之菩薩蠻，「平林漠漠烟如織，寒山一帶傷心碧。暝色入高樓，有人樓上愁。玉階空佇立，宿鳥歸飛急。何處是歸程？長亭更短亭。」如此自然神韻，空曠絕塵之想，毫無拘束之拍節，啓示了蘇軾創作之靈感。五代花間集作者，溫庭筠之憶江南：「梳洗罷，獨倚望江樓。過盡千帆皆不是，斜暉脈脈水悠悠，腸斷白蘋洲。」無限清麗才思，風格婉約，而溝通了蘇軾創作之情思。同爲花間集作者，韋莊之菩薩蠻：「人人盡說江南好，游人只合江南老。春水碧於天，畫船聽雨眠。壚邊人似月，皓腕凝霜雪，未老莫還鄉，還鄉須斷腸！」內蘊熏香掬豔，眩目醉心。尤能運密入疏，寓濃于淡，絕倫風度，也啓廸了蘇軾。南唐陽春集作者，馮延巳之謁金門：「風乍起，吹皺一池春水。閑引鴛鴦芳徑裏，手挼紅杏蘂。鬪鴨闌杆獨倚，碧玉搔頭斜墜。終日望君君不至，舉頭聞鵲喜。」深思麗詞，韻逸調新，眞清奇飄逸之才也，實開北宋一代風氣，而蘇軾之清趣也有所接引。南唐後主李煜之浪淘沙：「簾外雨潺潺，春意闌珊，羅衾不耐五更寒。夢裏不知身是客，一晌貪歡。　獨自莫凭欄！無限江山，別時容易見時難。流水落花春去也，天上人間。」胡應麟道：「後主樂府，爲宋人一代開山。蓋溫、韋雖藻麗，而氣頗傷促，意不勝辭，至此君，方爲當行作家，清便婉轉，詞家王孟。」（注一）如是眼界遠大，感慨殊深，飄逸風流，抑鬱柔腸，大膽發抒，不但不愧爲詞國皇帝，更以如斯多彩多姿之成果，而擔承前啓後之責，並陶醉了蘇軾整個詞性。及至有宋，名家雖多，皆不足影響蘇軾之詞格及其本質。獨歐陽修詞甚爲蘇軾所推崇。以詞理來論，祇不過友尚之而已。如其玉樓春：「尊前擬把歸期說，未語春容先慘咽。人生自是有情癡，此恨不關風與月。　離歌且莫翻新闋，一曲能教腸寸結。直須看盡洛花城，始共東風容易別。」語淡情癡，無限依依，頗爲可取。

詞至蘇軾風格大變，論者不一。約而言之，詞至軾始，則尺度又放寬多多，不受甚何拘泥，詩句亦可隨意混入詞中，誠然是詞學史上之一大改革。甚至有人不以蘇軾之詞爲正宗詞派者。前人有對柳永與蘇軾詞作比較評價者，所謂：「柳郎中詞，只好十七、八女孩兒，按紅牙板，歌『楊柳岸，曉風殘月。』學士詞，須關西大漢，執鐵綽板，唱『大江東去。』」（注二）信不諱言，可謂出於至情之論，甚是公平。其代表作念奴嬌（赤壁懷古）：「大江東去，浪淘盡，千古風流人物。故壘西邊，人道是，三國周郎赤壁。亂石崩雲，驚濤裂岸，捲起千埋雪，江山如畫，一時多少豪傑。　遙想公瑾當年，小喬初嫁了，雄姿英發，羽扇綸巾，談笑間，强虜灰飛烟滅，故國神遊，多情應笑我，早生華髮。人生如夢，一尊還酹江月。」胡寅酒邊詞序言：「眉山蘇氏，一洗綺羅薌澤之態，擺脫綢繆宛轉之度；使人登高望遠，舉首高歌，而逸懷浩然，超乎塵垢之外，自是花間爲皁隸，而耆卿爲輿臺矣！」詞源張炎言：「東坡清麗舒徐，高出人表。周秦諸人所不能到。」四庫提要有言關蘇軾詞者：「詞自晚唐五代以來，以清切婉麗爲宗。至柳永而一變，如詩家之有白居易。至蘇軾而又一變，如詩家之有韓愈，遂開南宋辛棄疾一派。尋溯源流，不能不謂之別格，然謂之不工則不可。故至今當與花間一派並行，而不能偏廢。」綜諸評家，對蘇軾詞皆傾倒如此，蓋因其接受先代詞人之全面刺激後，能自創一獨立風格而一新人心耳目也。

（注一）　語見「詩藪雜編」。

（注二）　見「吹劍錄」：東坡在玉堂日有幕士善歌，因問：「我詞何如柳七？」對如下語。東坡爲之絕倒。

附錄

東坡先生年譜

五羊 王宗稷編

仁宗皇帝景祐三年丙子

先生生於是年十二月十九日乙卯時，按先生送沈逵詩云：「嗟與君皆丙子」。又有贈長蘆長老詩云：「與公同丙子，三萬六千日」。又按玉局文云：「十二月十九日，東坡生日，置酒赤壁磯上」。又按志林云：「退之以磨蝎爲身宮，而僕以磨蝎爲命宮」，若以磨蝎爲命推之。則爲卯時生。議者以先生十二月爲辛丑十九日，爲癸亥日。丙子癸亥，水向東流。故才汗漫而澄清，子卯相刑，晚年多難。

四年丁丑。

寶元元年戊寅。

二年己卯。

康定元年庚辰。

慶曆元年辛巳。

二年壬午。

是年先生七歲，已知讀書。按先生上韓魏公梅直講書云：「自七、八歲知讀書」。又按先生長短句集，洞仙歌自序云：「僕七歲時，見眉州老尼，姓朱年九十餘，能知孟昶宮中事」。又考冷齋夜話載先生云：「某七、八歲時，嘗夢遊陝右」。

三年癸未。

是年先生八歲，入小學。按志林云：「吾八歲入小學」。「以道士張易簡爲師，師獨稱吾與陳太初者」。又按先生作范文正公文集序云：「慶曆三年，某始入鄉校，士有自京師來，以魯人石守道，慶曆聖德詩，示鄉先生。某從旁竊觀，問先生士人何人也？先生曰童子何用知之。某曰：此天人也耶，則不敢知，若亦人耳，何爲其不可」。

四年甲申。

五年乙酉

按子由作先生墓誌云：「公生十年而先君宦學四方，太夫人親授以書，問古今成敗輒能語其要，太夫人讀東漢史，至范滂傳慨然太息，公侍側曰：「某若爲滂，夫人亦許之否乎？」夫人曰：「汝能爲滂，吾顧不能爲滂母耶！」。公亦奮厲有當世志，太夫人喜曰：「吾有子矣」。又按大全集載東坡少時語云：「秦少章言：東坡十來歲，老蘇曾令作夏侯太初論：有人能碎千金之璧，不能失聲於破釜；能搏猛虎，不能無變色於蜂蠆之語。老蘇愛此論，年少所作故不傳」。又按趙德麟所編侯鯖錄云：「東坡年十歲，在鄉里見老蘇誦歐公謝宣召赴學士院仍謝賜對衣金帶及馬表，老蘇令坡擬之，其間有匪伊垂之帶有餘，非敢後也，馬不進。老蘇喜曰：「此子他日當自用之」。

六年丙戌。

七年丁亥。

先生年十二。按先生所作天石硯銘曰：「某年十二時，於所居紗縠行宅隙地中，與羣兒鑿地爲戲，得異石，鏗然扣之有聲」又按先生作鐘子翼哀詞云：「某年十二，先君宮師，歸自江南」。又按先生與曾子固書云、「祖父之沒，某年十二矣。」

八年戊子。

皇祐元年己丑。

二年庚寅。

三年辛卯。

四年壬辰。

先生年十七。按長短句滿庭芳序云：「余年十七，始與劉仲達往來於眉山」。

五年癸巳。

至和元年甲午。

先生年十九，始娶眉州青神王方女。按先生作王氏墓誌云：「生有十九歲，而歸于某」。至治平二年，王氏卒，年二十有七，以王氏年數考之，則甲午年歸於先生明矣」。

二年乙未。

是歲先生年二十，遊成都，謁張安道。按先生作樂全先生文集序云：「某年二十以諸生見公成都，一見待以國士」。有兆美叔是年求交於先生，按送美叔詩云：「我生二十無朋儔，當時四海一子由。君來扣門若有求」。

嘉祐元年丙申。

先生年二十一舉進士。按鳳鳴驛記云：「始余丙申歲舉進士，過扶風求舍於館人，不可而出，次於逆旅」。又有寫老蘇送石舍人序。

二年丁酉。

先生二十二赴試禮部，館於興國寺，浴室院。按先生作興國大祖書贊云：「余嘉祐初舉進士，館於興國浴室院時，歐陽文忠公考試得先生刑賞忠厚之至論，以爲異人，欲冠多士，疑曾子固所爲，子固文忠門下士也，乃置先生第二。復以春秋對義居第一。及殿試，章衡牓，中進士乙科，始見知于歐陽公。及韓魏公，富鄭公，皆待以國士」。又按先生作太息一篇，送秦少章歸京云：「昔吾舉進士試，名於禮部，歐陽文忠公見吾文且曰：「此我輩人也，吾當避之，是時士以剽裂爲文，訕公者成市。」又有上韓太尉書云：「某年二十有二矣」。及有上梅直講書，是年先生登第之後，四月丁太夫人武陽君程氏憂。按司馬溫公作程夫人墓誌云：「夫人以嘉祐二年四月癸丑終於鄉里」。又按老蘇寄文忠公書云：「二子不免丁憂，今已到家。」

三年戊戌。

四年己亥。

是歲先生年二十四，服除十二月。侍老蘇舟行，適楚。按先生南行前集序云：「已亥之歲，侍行適楚舟中，無事雜然有觸於中，而發於詠嘆，蓋家君之作，與弟轍之文，皆在焉，謂之南行集」。

五年庚子。

是歲先生年二十五，授河南府福昌縣主簿。有新渠詩，其序云：「庚子正月予過唐州，太守趙侯，始復之陂疏召渠，爲新渠詩五章，以告於道路，致侯之意」。

六年辛丑。

是年先生二十六，應中制科，入第三等，有應制科上兩制書，及上富丞相書，又有謝應中制科啓，授大理評事鳳翔府簽判，按先生有感舊詩序云；「嘉祐中予與子由奉制策，寓居懷遠時，年二十六，子由年二十三耳」。是年十二月赴鳳翔任，與子由別，馬上賦詩，到任有石鼓詩云：「冬十二月歲辛丑，我初從政見魯叟」。及有鳳翔八觀，及鳳鳴驛記。

七年壬寅。

先生年二十七，官於鳳翔二月，有詔郡吏分往屬外決因作詩，五百言寄子由，又有壬寅重九不預會。遊普門寺僧閣，有懷子由詩，及按志林有論太白山舊封公爵，爲文記之。是歲嘉祐七年也。又有記歲暮鄉俗三首，以子由和守歲詩考之云：「顧兔追龍蛇」，子由注云：是歲壬寅乃知記歲暮鄉俗、三詩作於壬寅歲矣。

八年癸卯。

先生年二十八，官於鳳翔作思治論。

英宗皇帝治平元年甲辰。

先生年二十九，官於鳳翔。

二年乙巳。

先生年三十，自鳳翔罷任，按子由作先生墓誌云：「治平二年罷還，判登聞鼓院，英宗皇帝在藩邸，聞先生名，欲以唐故事召入翰林，宰相限以近例，召試秘閣皆入三等，得直史館，是年通義郡君王氏卒於京師」。

三年丙午。

先生年三十一，在京師直史館，丁老蘇憂，扶護歸蜀，按歐陽文忠公作老蘇墓誌云：「明允太常，因革禮書一百卷，書成方奏未報，君以疾卒，實治平三年四月戊申也」。又按張按道作老蘇文安先生墓表云：「太常禮書成未報，以疾卒，實治平三年四月也」。英宗皇帝聞而傷之，命有司具舟載其喪歸葬於蜀。

四年丁未。

先生年三十二，居服制中，以八月壬辰葬老蘇於眉州。

神宗皇帝熙寧元年戊申。

先生年三十三，免喪。按四菩薩閣記云：「載四菩薩版以歸，既免喪，嘗與往來浮屠人，勸某爲先君捨施，爲大閣以藏之作記，乃熙寧元年十月」。

二年乙酉。

先生年三十四還朝，監官告院。按烏臺詩話云：「熙寧二年某在京授差遣，與王詵寫詩賦及蓮華經」。

三年庚戌。

先生年三十五監官告院，有送章子平詩，其序云：「熙寧三年子平自右司諫直集賢院，出牧鄭州，賦詩，餞之」。又有送錢藻知婺州詩，分韻得英字，送曾子固倅越詩，分韻得燕字。烏臺詩話云：「舊例館閣補外，同舍餞送必分韻」。又有寄劉貢甫詩，是年范景仁嘗舉先生充諫官。

四年辛亥。

先生年三十六任監官，告院兼判尚書祠部，王荆公欲變科舉，上疑焉，使兩制三館議之，先生獻三言，荆公之黨不悅，命攝開封府推官，有奏罷買燈疏，御史以雜事誣奏先生過失，未嘗一言以自辯，乞外任避之，除通判杭州，有赴任過揚州，與劉貢甫、孫巨源、劉莘老相聚數月，用逐人字作詩，十一月到任，有初到杭州，寄子由兩絕，除夕先生以通判職事，直都廳，日暮返舍，題一詩於壁。

五年壬子。

先生年三十七，在杭州通判任。是歲有牡丹記其序云：「熙寧五年，三月二十三日，余從太守沈公觀花於吉祥寺，是年科場先生監試，有呈試官詩，及試院煎茶詩，催試官考較試作，八月十七日登望湖樓，是日榜出，與試官兩人復留，有五絕句。又有送杭州進士詩序云：「熙寧五年錢塘之士貢於禮部者九人，十月乙酉宴於中和堂，作是詩以勉之，十二日運司差先生往湖州相度堤埤利害，與湖州太守孫莘老相見，有贈莘老七絕。及作山村五絕。是歲又作送杜子方詩，及臘月遊孤山訪惠勤，惠思二僧有詩。

六年癸丑。

先生年三十八，在杭州通判任，有八月十五觀潮詩，寫於安濟亭上。及作仁宗皇帝飛白記。其略云：「熙寧六年冬以事至姑蘇，安簡王公子誨，出所賜公端敏二字」。又有作錢塘六井記，其略云：「熙寧五年太守陳公述古，至問民之利病，明年春，六井畢修，故詳其語，以告後人。運司又差先生往潤州，道出秀州，錢安道，送茶和詩，是歲有次韻章傳道詩，和劉貢甫秦字韻詩，寄劉道原詩，及和陳述古冬日牡丹詩四絕。又有題贈法惠師小童思聰」。

七年甲寅。

先生年三十九，在杭州通判任，正月遊風水洞。推官李泌先行三日，留風水洞相待，有詩題壁，是年納侍妾朝雲。墓誌云：朝雲姓王氏，錢塘人，事先生二十有三年。紹聖三年卒於惠州。年三十四。以歲月考之，熙寧之甲寅，至紹聖之丙子，恰二十三年，乃知納朝雲在是年明矣。朝雲年三十四，是爲癸卯生，來事先生，方十二云，先生以子由在濟南求爲東州守。按子由超然臺賦序云：「子瞻通守餘杭三年，不得代，以轍之在濟南也，求爲東州守，既得請高密，五月乃有移知密州之命。按先生作勤上人詩集序云：「熙寧七年，余自錢塘赴高密」。又按先生辛未別天竺觀音詩序云：「余昔通守錢塘，移莅膠西，以九月二十日，來別南北山道友」。乃知先生以秋末去杭，按先生記游松江說云：「吾昔自杭移高密，與楊元素同舟，而陳令舉張子野皆從余過李公擇於湖，遂與劉孝叔俱至松江，夜半月出置酒垂虹亭上，子野年八十五，以歌詞聞於天下，作定風波令，及道過常州爲錢公轉作哀辭，及有與段屯田詩云，「龍鍾三十九，勞生已強半，歲暮日斜時，還爲昔人嘆」。是年又作鳧繹先生文集序，又有獅子屛風贊云：「潤州甘露寺，有唐李衞公所留陸探微畫獅子版，余自錢塘移守膠西，過而觀焉」。是年先生在潤州道上過除夜，則獅子贊必在是年矣。又有潤州道上過除夜詩兩絕。

八年乙卯。

先生年四十到密州任，有上韓丞相論災傷書，其到郡二十餘日矣，又論密州鹽稅，又作後杞菊賦，其序云：「予仕宦十有九年，家日益貧，移守膠西，而齋厨索然」。按先生丁酉年登第至是恰十九年矣。是年有送劉孝叔吏部詩，及和李公擇來字韻詩，及常山祈雨感應立雩泉。

九年丙辰。

先生年四十一在密州任，作刻秦篆記云：「熙寧九年，丙辰，蜀人蘇某來守高密，是年中秋歡飲達旦，作水調歌頭，懷子由及作薄薄酒二章，又寫超然臺記寄李清臣，又祭常山神文書膠西。蓋公堂照壁畫贊，及作山堂銘，作表忠觀碑。

十年丁巳。

先生年四十二在密州任，就差知河中府，已而改知徐州，四月赴徐州任，有留別釋迦院牡丹呈趙倅詩。按子由作先生墓誌云：「自密徙徐，是歲河決曹村」。乃知是丁巳自密改東徐，又與子由相會於澶濮之間。相約赴彭城留百餘日，宿於逍遙堂，子由有兩絕，先生和之，徐州水患大作，七月十七日河決澶州，曹村埽八月二十一日，及徐州城下，先生治水有功，至十月五日水漸退，城以全，朝廷降詔獎諭，作河復詩，韓幹畫馬歌，司馬君實獨樂園詩，及送范蜀公往西京詩，又有和子由水調歌頭詞，及有與王定國顏長道泛舟詩，有「回頭四十二年非」之句。

元豐元年戊午。

先生年四十三，在徐州任，適值春旱，徐州城東二十里，有石潭置虎頭其中，可致雷雨，作起伏龍行，是年三月始識王迥子高聞與仙人周瑤英遊，作芙蓉城詩。二月有旨賜錢二千四百一十萬，起夫四千二十三人，及發常平錢米，改築徐州外小城，創木岸四，以獎諭，勑記併刻諸石，爲熙寧防河錄云。迺卽徐州城之東門爲大樓堊以黃土名之曰黃樓，以土實勝水故也。子由作黃樓賦，先生跋云：「元豐元年八月癸丑樓成，九月庚辰大合樂以落之」。又有中秋月三首云：「六年逢此月，五年照離別」。先生注云：「中秋有月，凡六年矣，惟去歲與子由會於此，去歲之會乃逍遙堂和詩之時也」。又有九日黃樓作古詩一首云：「去年重陽不可說，南城夜半千漚發」之句。以去年九月大水未退，故有是語，又作放鶴亭記，滕縣公堂記，鹿鳴燕詩序，和魯直古風二首，及次韻潛師放魚和舒堯文，祈雪詩，祭文與可及作石炭詩，又作日喻一篇。

二年乙未。

先生年四十四，在徐州任，正月己亥，同畢仲孫舒煥八人游泗之上，登石室，使道士戴日祥鼓雷氏琴，先生有記。按玉局文云：僕在徐州，王子立，子欽，皆館於官舍，而蜀人張師厚來過，二王方年少，吹洞簫，飲酒杏花下。三月自徐州移知湖州，按先生作張氏園亭記云：「余自彭城移守吳興，由宋登舟三宿而至，其記乃三月二十七日所作，乃知三月移湖州明矣。是年以四月二十九日到湖州任，作送通敎大師還杭州序。及爲章質夫作思堂記，王定國作三槐堂記，跋歐陽文忠公家書，後在湖州，王子立，子敏，皆從先生，作子立墓誌云：「子立，子敏皆從余學於吳興，學道日進，東南之士稱之」。有與王郞昆仲及兒子邁，遶城觀荷花，登峴山亭，晚入飛英寺，分韻。得明月星稀四首，又有泛舟城西，會者五人，分韻。得人皆苦炎字四首。又作文與可畫篔簹谷偃竹記。其末云：「元豐二年七月七日，予在湖州曝書，見畫廢卷而哭失聲」。是歲言事者，以先生湖州到任謝表以爲謗。七月二十八日，中使皇甫遵到湖追攝，按子立墓誌云：「予得罪於吳興，親戚故人皆驚散，獨兩王子不去」。送子出郊曰：「死生禍福天也。公其如天何，返取予家致之南都」。又按先生上文潞公書云：「某始就逮赴獄，有一子稍長，徒步相隨，其餘守舍皆婦女幼稚，至宿州御史符下，就家取書，州郡望風遣吏發卒，圍船搜取，長幼幾怖死，既去婦女恚罵曰：『是好著書，書成何所得，而怖我如此；悉取焚之』八月十八日赴臺獄，中有寄子由詩二首，及賦榆、槐、竹、柏四詩，又有十二月二十日，恭聞大皇太后升遐，吏以某罪人不許成服，欲哭則不可，欲泣則不敢，作挽詩二首。已而獄具。十二月二十九日責授黃州團練副使，本州安置。是年子由聞先生下獄，上書乞以見任官職贖先生罪，責筠州酒官出獄再次寄子由二詩韻有「百日歸期恰及春」之句。先生自八月坐獄至是踰百日矣。

三年庚申。

先生年四十五，責黃州自京師道出陳州，子由自南郡來陳相見，三日而別先生，有古詩有「便爲齊安民」之句。又與文逸民飲別携手河堤上作詩，與子由別乃正月十有四日也。至十八日蔡州道上遇雪，有次子由韻古詩二首。過新息縣有示鄉人任師中一首。任伋字師中眉州人，嘗倅黃州，卜居新息，先生以詩示之。又有過淮詩，游淨居寺詩，至岐亭訪故人陳慥季常，爲留五日賦詩一首而去。乃以二月一日至黃州寓居定惠院，有初到黃州詩。按先生別王文甫子辯云：「僕以元豐三年二月一日到黃州，家在南都，獨與兒子邁來，是年五月子由來齊安。先生有詩迎之，又有曉至巴河迎子由詩，乃與子由同遊武昌西山寒溪寺，有古詩一首。定惠顒師爲先生竹下開嘯軒作詩記其事，又作五禽言。又有定惠寺寓居月夜偶出詩云：「去年花落在徐州，對月酣歌美清夜，今年黃州見花發，小院閉門雨露下」。蓋懷在徐州與張師厚，王子立，子敏飲酒杏花下時也。定惠有海棠一株，土人不知其貴，先生作詩有，「也知造物有深意，故遣佳人在幽谷」之句。按近日黃州東坡圖云：「先生寓居定惠未久，以是春遷臨皋亭，乃舊日之回車院也。又有遷居臨皋亭詩。先生就臨皋亭立南堂，有詩五絕。又有讀戰國策，及作石芝詩。先生是歲又有答秦太虛書，借得本州天慶觀道士堂，冬至後坐四十九日，先生乳母王氏八月卒於臨皋亭。按先生上文潞公書云：「到黃州無所用心，覃思易、論語若有所得」。由是言之，先生到黃定居之後，即作易傳九卷，論語五卷，必始於是歲矣。

四年辛酉。

先生年四十六。在黃州寓居臨皋亭。正月往岐亭訪陳季常，以岐亭五首考之云：「元豐三年正月岐亭爲留五日，明年正月復往見之，過古黃州獲一鑑，周尺有二寸」。有鑑銘云：「元豐四年正月，余自齊安往岐亭泛舟而還，過古黃州，獲一鑑，周尺有二寸。是年先生請故營地之東名之以東坡，考東坡八首序云：「余至黃二年，日以困匱，故人馬正卿哀予乏食，於郡請故營地使躬耕其中」。蓋先生庚申來黃，至辛酉爲二年矣，以東坡圖考之，辛酉方營東坡。次年始築雪堂，以贈孔毅甫詩觀之：「去年東坡拾瓦礫，今年刈草蓋雪堂」。則雪堂作於壬戌歲明矣。又有中秋日飲酒江亭上，有贈鄭君求字，及記游松江說，聞捷說，按大全集雜說云：元豐辛酉冬至，僕在黃州，姪安節遠來，飲酒樂甚，以識一時盛事」。又有冬至贈安節詩云：「平生幾冬至，少小如昨日」。又有與安節夜坐賦，檠字韻詩二首。及正月過岐亭，作應夢羅漢記。

五年壬戌。

先生年四十七，在黃州寓居臨臯亭，就東坡築雪堂，自號東坡居士，以東坡圖考之，自黃州門南至雪堂四百三十步，雪堂問云：「蘇子得廢圃於東坡之脅，號其正曰雪堂，以大雪中爲之，因繪雪於四壁之間，無容隙，其名蓋起於此，先生自書東坡雪堂四字以榜之。試以東坡圖考雪堂之景，堂之前則有細柳，前有浚井，西有微泉，堂之下則有大冶長老桃花、茶巢、元脩菜、何氏叢橘，種秔稌，蒔棗栗。有松期爲可斲，種麥以爲奇事，作陂塘，植黃桑，皆足以供先生之歲用，而爲雪堂之勝景云耳，以長短句擬斜川觀之，元豐壬戌之春，予躬耕東坡，築雪堂以居之，南挹四望亭之後，西控北山之微泉，慨然而嘆，此亦斜川之遊也，作江城子詞，是年三月，先生以事至蘄水，觀悼徐德占詩序云：「元豐五年三月，余以事至蘄水，德占惠然見訪」。又有春夜行蘄水，過酒家飲酒，乘月至一橋上，曲肱少休，作西江月詞。又遊蘄水清泉寺，作浣溪沙詞。又作寒食詩二首云：「自我來黃州，已見三寒食」。先生庚申二月來黃，至是三寒食矣。太守徐君猷分新火，先生有詩謝之。有「臨臯亭中一危坐，三見清明改新火」之句。七月遊赤壁，有赤壁賦云：「壬戌之秋七月既望，蘇子與客泛舟遊於赤壁之下」。十月又遊之，有後赤壁賦，以東坡圖考之，後赤壁賦云：「十月既望，蘇子步自雪堂，將歸於臨臯」。則壬戌之冬未遷而先生以甲子六月過汝，則居雪堂止年餘，由是推之，先生自臨臯遷雪堂必在壬戌十月之後明矣。又有和孔毅甫久旱逢甘雨三首云：「去年太歲空在酉」。乃知指去年辛酉而言之也。又按長短句有飲王文甫家集古句，作墨竹定風波，及夢扁舟望棲霞，作鼓笛慢及記單驤孫兆事迹。作怪石供及重九作醉蓬來示黃守徐君猷。有「羈旅三年」之句。先生庚申來黃至是恰三年矣。

六年癸亥。

先生年四十八，在黃州爲通判，孟亭之跋子由君子泉銘，及有題唐林父筆文，閏八月有詩與武昌主簿吳亮工。又有記承天夜遊云：「十月十二夜，至承天寺尋張懷民，相與步於中庭，庭中如積水空明，水中藻荇，蓋竹柏影也，及作一絕。」送曹煥往筠州序云：「明年余過圓通，始得其詳。」先生甲子歲自黃之江西遊廬山，則送曹煥詩必在是年矣。又夢中作祭春牛文云：「元豐六年十二月二十七日，天欲明，夢數吏人持紙，請祭春牛文，予取筆疾書其上」。

七年甲子。

先生年四十九在黃州，二月與徐得之參寥子，步自雪堂至乾明寺，有師中庵題名。又有記定惠寺海棠說。四月乃有量移汝州之命，按先生長短句滿庭芳序云：「四月一日予將自黃移汝，留別雪堂鄰里二三君子，李仲覽來書以遺之」。詞中有：「坐見黃州再閏」之句。按東坡圖云：「郡人潘邠老，及弟大觀俱以詩知名」。多從先生游，先生去，以雪堂付之邠老，因以居焉。四月六日又作安國寺記，有別黃州詩，有過江夜行武昌山上，聞黃州鼓角詩。黃州送先生者，皆至於慈湖，陳季常獨至九江。既到江州和李太白潯陽宮詩，其序云：「今予亦四十九，感之次其韻」。因游廬山有記遊廬山說云：「僕初入廬山，山谷奇秀，平生所欲見，應接不暇，不欲作詩，已而山中僧俗皆曰：「蘇子瞻來矣」，不覺作一絕。入開元寺主僧求詩，作瀑布一絕。往來十餘日，作漱玉亭三峽橋詩，與摠老同遊，西林有贈摠老，及題西林壁，皆絕句也」。又有寫寶蓋頌與僊長老其序云：「圓通禪院先君舊遊也。四月二十四日晚至宿焉。明日先君忌日，寫寶蓋頌以贈長老僊公。蓋先生端午已在筠州，計程必在宮師忌日之後，即爲高安之行矣，途中又有題李公擇山房，及過建昌李野夫公擇故居，有古詩一首，按跋李志中文云：「元豐七年，某舟行赴汝，乃自富川陸走高安，別家弟子由」。以冷齋夜話考之，子由在筠州雲庵居，洞山聰禪師亦蜀人，居壽聖寺，一夕三人同夢迎五祖，戒和尚拊手大笑曰：「世間果有同夢者，異哉」。久之東坡書至，曰：「已至奉新，且夕相見，三人同出二十里，建山寺，而東坡至，各追繹所夢，坡曰：「某年七八歲時，嘗夢某身是僧，往來陝右」。雲庵驚曰：「戒陝右人也，暮年棄五祖來遊高安，終於大愚，逆數蓋五十年」。而坡時年四十九矣。又以先生古詩考之，有自興國往筠，宿石田驛詩。及將至筠州，先寄遲適遠三猶子詩。端午遊眞如寺及別子由三首。在筠州爲留十日，又有初別子由至奉新作，皆先生筠州之作也。七月過金陵，有與葉致遠唱和詩，途中又有送沈逵赴廣南詩，云：「嗟我與君皆丙子，四十九年窮不死」。又云：「我方北渡脫重江，君復南行輕萬里」。逼歲到泗州，十二月十八日浴雍熙塔下，作如夢令兩闋，又作滿庭芳，與劉元達序云：「余年十七與仲達往來於眉山，四十九相逢於泗上，晦日同遊南山，話舊感嘆又有跋李志中文，天石硯銘，又作水龍吟，及有謝黃師」。是除夜送酥酒詩，先生上表乞於常州居住其略云：「今雖已至泗洲，而貲用罄竭，見一面前去南京聽候朝旨」。又考騾馱驛試筆云：「正月四日，離泗州」。則是除夜在泗州明矣。

八年乙丑。

先生年五十。按大全集雜說，騾馱驛試筆云：「今日離泗州，然吾方上書求居常州」。乃正月四日書，及到南京有放歸陽羨之命，遂居常州，五月內復朝奉郎知登州，再過密州，有贈太守霍翔詩云：「十年不赴竹馬約」。蓋先生丁巳歲去密至是，以成數爲十年矣。過海州嘆高麗館壯麗作一絕，到郡五日以禮部郎官召到省，半月除起居舍人，在登州有海市詩。又有別登州舉人詩。有「休嫌五日怱怱守」之句。又有贈杜介詩，及題楞伽跋多寶院文，又有題登州蓬萊閣，及跋起居錢公文後。

哲宗皇帝元祐元年丙寅。

先生年五十一，以七品服入侍延和，改賜銀緋，尋除中書舍人。按志林云：「元祐元年，余為中書舍人，復遷翰林學士，知制誥，是年有法雲寺鐘銘，又作眞相院釋迦舍利塔銘，及作元祐元年九月六日，明堂赦文，又有內中告遷神御於新添修殿，奉安祝文，及奉告天地社稷宗廟宮觀寺院祈雪祝文，五嶽四瀆祈雪祝文，及任中書舍人日舉江寧府司理周穜，充學官及除內翰，又有舉魯直自代狀。

二年丁卯。

先生年五十二，為翰林學士復除侍讀，有書石舍人北使序後，及有與喬同寄賀君詩，其序云：「元祐二年同來京師十數日，予留之不可」。又有二月八日，朝退起居院，感申公故事作一絕，又有書子由日本扇後，及作祭王宜甫文，又作興國寺六祖畫贊，至嘉祐初舉進士，館於興國浴室院，予去三十一年而中書舍人彭器資，亦館於是，余往見之。」按先生嘉祐丁酉舉進士，至元祐丁卯恰三十一年矣。是年又作西京應天院修神御畢告遷諸神祝文，及奉安神宗皇帝神御祝文，及景靈宮宣光殿奉安神宗皇帝御容祝文，五嶽四瀆祈兩祝文，天地宗廟社稷祈雨祝文，景靈宮天興殿開淘井眼祭告里域眞官祝文。

三年戊辰。

先生年五十三，任翰林學士，有和子由元日省宿致齋，有「白髮蒼顏五十三」之句。是年省試，先生知貢舉，開院日，有與李方叔詩序云：「僕與李廌方叔相知久矣，僕領貢舉事，李不得第，愧甚，作詩謝之」。又和錢穆父雪中見及，有「行避門生時小飲」之句。又充館伴北使，按先生與陳傳道書云：「某頃伴虜使，頗能誦某文」。乃知先生高文大冊，傳播夷夏，又豈止及於雞林行賈而已哉。是年作呂大防，范純仁左右相制，端午帖子詞。元祐三年六月，德音赦文，及作西路闕雨祈雨祝文，按趙德麟侯鯖錄云：「東坡云元祐三年二月二十一日，與魯直蔡天啓會於伯時舍，錄鬼仙詩文，有議論作詩付過，又有論樂等說及與王晉卿論雪堂義墨，及爲文驥作字說，又十二月二十一日立延和殿中，論盛度誥詞。

四年己巳。

先生年五十四，任翰林學士，有東太一宮修殿告十神太一眞君祝文，三月內累章請郡除龍圖閣學士知杭州。按子由作先生墓誌云：宣仁心善，先生辯蔡持正之謗，出郊遣內侍賜龍茶銀合，用前執政恩例，先生以七月三日到杭州任，謝表云：「江山故國，所至如歸，父老遺民，與臣相問」。以先生去杭州十六年，故有是語爾。到任有謁文宣王廟祝文云：「昔自太史通守是邦，今由禁林出使浙右」。又有謁諸廟祝文，先生之帥杭也，替林子中。先生有和子中詩，有「江邊遺愛啼斑白」之句。是年過吳興，又作定風波，爲六客詞，作范文正公文集序，及跋邢惇夫賦，書米元章，又有己巳重九和蘇伯固點絳唇。是歲子由使契丹，先生有詩送之，有：「單于若問君家世，莫道中朝第一人」之句。先生出牧餘杭，子由代先生爲學士。

五年庚午。

先生年五十五，在杭州任，有論西湖狀，及論高麗公案，有謝元祐五年曆日表，有與劉景文蘇伯固遊七寶寺題竹上絕句。又有庚午重九點絳唇。十月二十六日與晦老全翁元之敦夫遊南屏寺記。點茶試墨說。十二月遊小靈隱聽林道人彈琴，及有乞僧子珪師號狀。除夜有和熙寧中題都廳詩序云：「熙寧中，某通守此邦，除夜題一詩於壁，今二十年矣」。蓋熙寧辛亥至元祐庚午恰二十年，是年又有書朱象先畫後及問淵明說。

六年辛未。

先生五十六，在杭州任被召。按先生作別天竺觀音三絕序云：「以三月九日被旨赴闕」。又按先生作參寥泉銘云：「予以寒食去郡」。又上元作會有獻翦綵花者，作浣溪沙寄袁公濟。先生之去杭州也，林子中復來替先生。是以先生與子中啓有適相先後之說，過潤州作臨江仙別張秉道。既到京師，除翰林承旨，復侍邇英。按子由所作潁濱遺老傳云：「先生召還，本除吏部尚書，復以臣故，改翰林承旨。臣之私意元不遑安，乞寢臣新命，與兄同備從官」。不報。六月作上清儲祥宮碑，其略云：「元祐六年六月丙午，制詔臣某上清儲祥宮成，當書之石，臣待罪北門記事之成職也」。按趙德麟侯鯖錄云：「先生元祐中，再召入院，作承旨，乃益舊擬作衣帶馬表云：「枯羸之質，匪伊垂之帶，有餘斂退之心，非敢後也，馬不進」。數月以弟嫌請郡復以舊職，知潁州。按先生懷舊別子由詩云：「元祐六年，予自杭州召還寓居子由東府數月，復出領汝陰時，予年五十六矣」。到任有謁文宣王及諸廟文，有祭歐陽文忠文。及有到潁未幾公帑已竭，齋廚索然，戲作數句。按趙德麟侯鯖錄云：「元祐六年冬，汝陰久雪人飢，一日天未明，東坡先生簡召議事曰：某一夕不寐，念潁人之饑，欲出百餘千，造炊餅救之。老妻謂某曰，子昨過陳見傅欽之言，簽判在陳，賑濟有功，不問其賑濟之法，某遂相招，令時面議，曰已備之矣。今細民之困，不過食與火耳。義倉之積穀數千石，便可支散以救下民，作院有炭數萬坪，酒務有柴數十萬秤，依元價賣之，可濟中民」。先生曰吾事濟矣。遂草放積欠賑濟奏，陳履常有詩。先生次韻有「可憐擾擾雪中人」之句，爲是故也。由此觀之，先生善政救民之飢，眞得循吏之體矣。又有聚星堂雪詩，祭辯才文。跋張乖崖文後，及志林載夢中論左傳說，及論子厚瓶賦，又有十二月二日與歐陽叔弼季默夜坐記。道人問眞說。是年潁州災傷，先生奏乞罷黃河夫萬人，開本州溝瀆，從之。

七年壬申。

先生年五十七，在潁州任。按趙德麟侯鯖錄云：「元祐七年正月，東坡在汝陰州，堂前梅花大開，月色鮮霽，先生王夫人曰：「春月色勝如秋月色，秋月令人慘悽，春月令人和悅，何如召趙德麟輩來飲此花下」。先生大喜曰：「吾不知子亦能詩耶」，此眞詩家語耳。遂召與二歐飲，先生用是語作減字木蘭花，有「不似秋光，只與離人照斷腸」之句。已而改知揚州。先生之在潁也，與趙德麟同治西湖，未幾有維揚之命，三月十六日湖成，德麟有詩見懷，先生次韻，又再和之，及作雙石詩示僚友。按冷齋夜話云：「東坡鎭維揚，幕下皆奇豪，一日石塔長老求解院歸西湖，坡將僚佐袖中出疏，使晁無咎讀之，其詞有：「爲東坡而少留」之句。已而以兵部尚書召，有召還至都門先寄子由詩。有「一味豐年說淮潁」之句。復兼侍讀，是年南郊先生爲鹵簿使，尋遷禮部尚書，遷端明侍讀學士，有讀朱暉傳題文潛語後，及作醉翁操，任兵部尚書日，有薦趙德麟狀。

八年癸酉。

先生年五十八，任端明侍讀二學士，是年先生繼室同安郡君王氏，卒於京師。按先生作西方阿彌陀贊序云：「蘇某之妻王氏，元祐八年八月一日卒於京師。謹按先生初娶通議郡君王氏，乃同安之堂姊也。

先生祭王君錫丈人云：「某始婚姻公之猶子，允有令德，夭閼莫遂，惟公幼女，嗣執罍篚」。由是推之，通議爲同安之堂姊明矣。但未能究先生再娶之歲月耳。又有八月二十七日建隆章淨館成一絕，有「坐待宮人畫詔回」之句。復以二學士出知定州，九月十四日，東府雨中作示子由云：「去年秋雨時，我在廣陵歸，今年中山去，白首歸無期」。蓋定州之除，必在九月內矣。到定州任有祭韓魏公文，書定州學士硯蓋。作中山松醪賦，是年又作杜輿子師字說，及論子方蟲有夢南軒語。

紹聖元年甲戌。

先生年五十九，知定州就任落兩職，追一官知英州有辭宣聖文，行至滑州有乞舟行，赴英州狀云：「帶家屬數人前去汴泗之間，乘舟泛江倍道而行，至南康軍，出陸赴任，未到任間，再貶寧遠軍節度副使，惠州安置」。過虔州，有記眞君籤說云：「八月二十一日過虔州，與王巖翁同謁祥符宮，又有鬱孤臺游字韻詩，與霍守李倅，更和數首，又有初入贛作，又有題天竺樂天石刻，余年幼時先君自虔州歸言，天竺有樂天詩，今四十七年矣。蓋先生年十二，老蘇歸自江南，至是恰四十七年矣。是年以十月三日到惠州，寓居嘉祐寺，有初到惠州詩，當月十二日與幼子過同遊白水佛迹，浴於湯池，有古詩。又按長短句浣溪沙序云：「紹聖元年十月十三日，與程鄉令侯晉叔，歸善簿譚汲游大雲寺，野飲松下。設松黃湯，作此闋，余家近釀酒，名曰萬家春」。時有虔州鶴田處士，王原子直不遠千里來訪先生，留七十日而去，至十一月有戲贈朝雲詩，朝雲，先生侍妾也，又錄三十九歲潤州道上。過除夜兩絕付過，及有跋朱表臣藏文忠公帖，又有與吳秀才書，吳乃子野之子，其書云：「過廣州買得檀香數斤，定居之後，杜門燒香深念五十九年之非矣，是年九月過廣州訪道士何德順，又有記仙帖，又作雪浪石盆銘，又就嘉祐寺所居，立思無邪齋有贊，乃紹聖元年十月二十日所作也。

二年乙亥。

先生年六十，在惠州有惠州上元夜詩，詩云：「去年中山府，老病亦宵興，今年江海上，雲房寄山僧」。以歲月考之，去年甲戌上元，先生知定州，今年乙亥寓嘉祐僧舍，故有「雲房寄山僧」之句。是年遷居於合江亭。以先生別王子直語觀之，紹聖三年十月三日，始至惠州，寓於嘉祐寺，明年遷於合江之行館，得江樓豁徹之觀，忘幽谷窈窕之趣，乃知乙亥歲遷居合江樓明矣。仍有松江亭上賦梅花詩三首，及有先生行年六十化之句。三月四日同太守詹範器之。柯常，林柞，王原，賴仙芝同遊白水山。又有與陳季常書云：「到惠州將半年矣，先生以去年十月三日到惠州，三月恰半年矣。又有九月二十七日，惠州星華館，思無邪齋書，記外祖程公逸事。又有朝斗記，讀管幼安傳書魯直，跋遠景圖，北齋校書圖後。又有爲幼子過書人光明經後，及付僧惠誠遊吳中代書，及祭妹德化縣君文，有葬枯骨銘，時詹守議葬暴骨，先生詩有「江干白骨已銜恩」之句。

三年丙子。

先生年六十一，在惠州有和陶淵明移居詩云：「余去歲三月，自水東嘉祐寺，遷去合江樓，迨今一年，得歸善後隙地數畝，父老云：古白鶴觀也。意欣然居之，營白鶴新居，始於是矣。詩中乃有葺思無邪齋之句。先生甲戌寓居嘉祐寺，已有思無邪齋贊矣。乙亥遷合江樓，先有書程公逸事，于星華館思無邪齋。今丙子欲營新居，又曰葺思無邪齋，雖三年之間，遷居不常，意其思無邪齋之名，亦隨寓而安矣。當年惠州修東西新橋，先生助以犀帶，而子由亦以使夫人傾入內所賜金錢數千爲助。及橋成日，先生有詩落之。乃有：「嘆我捐腰犀，及有：探囊賴故侯，寶錢出金閨」之句。又有：曇秀道人來訪先生，而先生題其詩卷云：予在廣陵曇秀作詩，予和之，後五年曇秀來惠州見予，且先生以壬申知揚州，至是恰五年矣。時吳遠遊陸道士，客於先生。歲暮以無酒爲嘆！先生和淵明，和張常侍詩云：我年六十一，頽景薄西山，是年又有丙子重九詩二首，及書東皐子傳，後祭寶月大師文，七月朝雲卒。先生有詩悼之，及作墓誌。又於惠州栖禪寺，大聖塔葬處，作亭覆之，名之六如亭，又除夜前兩日，與吳遠遊有記，食芋說。按先生和淵明時運詩，丁丑二月十四日，白鶴峯新居成，計其營新居之棟宇，必在丙子秋冬之交，有白鶴峯上梁梁文。

四年丁丑。

先生年六十二在惠州，正月六日有題劉景文詩後，按先生和淵明時運詩云：「丁丑二月十四日，白鶴新居成」。又按先生與林天和長官書云：「賤累閏月初可到」。又云：「承問賤累正月末已到贛上矣。閏月上旬到此也」。又按先生丙子年與毛澤民書云：「長子授韶州仁化令，中冬當挈家至此，某已買得數畝地，在白鶴峯上，古白鶴觀基地。已令斫木陶瓦作屋二十間」。以此考之，先生長子，自冬挈家至，閏二月方到惠州。按和時運詩序：「長子邁，與予別三年矣。般挈諸孫，萬里遠來，不能無欣然」。先生長子挈家必於丁丑閏二月上旬到惠州明矣。所謂二月十四日新居成，必閏二月也。三月先生作三馬圖，及作陸道士墓誌，五月先生責授瓊州別駕，昌化軍安置。按志林云：「余在惠州忽被命責儋耳」。太守方子容自攜告身來弔余。曰：「此固前定」。吾妻沈事僧伽甚誠。一夕夢和尚來辭云：「當與蘇子瞻同行，後七十二日有命」，今適七十二日矣。豈非前定乎，遂寄家於惠州，獨與幼子過渡海，按子由作先生追和淵明詩序云：「東坡先生謫居儋耳寘家羅浮之下，獨與幼子過負擔過海，又至梧州，寄子由詩序云：「吾謫雷被命卽行，了不相知，至梧乃聞其尚在藤也。旦夕當追及」。至五月間果遇子由於藤州，有藤州城下夜起望月寄邵道士詩。自藤出陸，六月與子由相別，按先生和淵明移居詩序云：「丁丑歲余謫海南，子由亦謫雷州，五月十一相遇於藤，同行至雷，六月十一日相別渡海，有雷州詩八首，有行瓊州儋耳，肩輿坐睡中得句，而遇淸風急雨，故作是詩，有古詩一首，以七月三日到儋州，有儋州謝表，按先生夜夢詩序云，七月十三日至儋州，十餘日矣。按子由作先生墓誌云：「紹聖四年先生安置昌化，初僦官屋，以庇風雨，有司猶謂不可，則買地築室昌化，士人畚土運甓以助之，爲屋三間，又按先生與程全父推官書云：「初至僦官屋數椽，近復遭迫逐，不免買地結茆，又按先生與程儒書云，「近與兒子結茆數椽居之，勞費不貲矣。賴十數學者助作，躬泥水之役。」又云：新居在軍城南，極湫隘。以意測之，先生居在軍城南鄰於天慶觀，以先生天慶觀乳泉賦考之，「吾索居儋耳，卜築城南鄰於司令之宮」，先生又有桄榔庵銘云：「東坡居士謫居儋耳，無地可居，偃息於桄榔林中，摘葉書銘以記其處」，是歲又過海得子由書，律詩一首。

元符元年戊寅。

先生年六十三在儋州，有過子上元夜赴郡會守舍作違字韻詩，及有讀晉書隱逸傳，嶺南氣候說，錄溫嶠問郭文語，又於九月四日，遊天慶觀，有信道法智說。是年吳子野來訪先生，而先生以詩贈之，其序云：「去歲與子野遊逍遙堂，因往西山，叩羅浮道院，宿於西堂，今歲索居儋耳。子野復來相見，作詩贈之，又有記筮卦云：戊寅十月五日，以久不得子由書，憂不去心，以周易筮之，得渙六三，又有記藷云：「海南以藷爲糧，幾米之十六，今歲藷芋不熟，以客舶方至，市有米也」。乃戊寅十月二十一日書，又有戊寅十一月一日記海漆說。

二年己卯。

先生年六十四，在儋州，有己卯正月十三日錄盧同杜子美詩遺懣，是時久旱無雨，陰翳未快，至上元夜，老書生數人相過，曰：「良月佳夜，先生能一出乎？」先生欣然從之，步城西入僧舍，歷小巷民夷雜揉，屠沽紛然，歸舍已三鼓矣。歸錄其事，爲己卯夜書。又有二月望日書蒼耳說。又有儋州詩二首，有「萬戶不禁酒，三年夷識翁」之句。先生丁丑來儋，至是將三年矣，是歲閏九月有瓊州進士，姜君弼，唐佐，自瓊州來儋耳。從先生學，又有作墨說，及題程全父詩卷後，及有辟穀說，又有與姜唐佐簡云：「已取天慶觀乳泉，潑建茶之精者，念非君莫與共之」。又有十月十五日與姜君簡。

二年庚辰。

先生年六十五歲，在儋州，人日聞黃河復作，作詩二首，至上元又和戊寅違字韻詩題後云：「戊寅上元，余在儋耳，過子夜出守舍，作違字韻詩，今庚辰上元，已再期矣。家在惠州，白鶴峯下，過子幷婦從余來此」。又有五穀耗地說，記唐村老人言，及養黃中說，姜君弼去年閏九月，自瓊州來從先生學，三月還瓊州，有跋姜君弼課策，及有書柳子厚飲酒讀書二說，以贈姜君之行，按子由欒城集，有贈姜君詩序云：「子瞻嘗贈姜君弼兩句詩云：「滄海何曾斷地脈，白袍端爲破天荒」，它日登科當爲子足之，必是行以遺之也。五月大赦，量移廉州安置，且先生之在儋也，食芋飲水，著書以爲樂，作書傳以推明上古之絕學，又且謙沖下士，情及疎賤，日與諸黎遊，無間也，嘗與軍使張中同訪黎子雲，欲醵錢作屋，名之曰載酒堂矣。又嘗上巳日尋諸生皆出，獨與老符秀才飲矣。又嘗用過韻與諸生，多至飲酒有，「愁顏解符老，壽耳鬭吳公」之句矣。注云：符吳皆坐客，必老符秀才與吳子野也。又嘗以詩紀春夢婆矣，括趙德麟侯鯖錄云：「東坡老人在昌化，嘗負大瓢行歌田畝間，所歌者蓋哨遍也，饁婦年七十云，「內翰昔日富貴，一場春夢」，坡然之，里人呼此媼爲春夢婆，坡一日被酒獨行，遍至子雲諸黎之舍，作詩云：「符老風流可奈何，朱顏減盡鬢絲多，投梭每困東鄰女，換扇惟逢春夢婆」」。是日後見老符秀才，言此春夢婆之實也。凡此數事，皆先生海外之逸事也。雖三年居儋耳，未知在甚年中，今附於庚辰之歲，庶以備觀閱云耳。又有儋州與姜君弼書，某已得合浦文字，又有與少游書，自儋之瓊，作峻靈王廟碑云：「元符三年有詔徙廉州，向西而解，六月過瓊州，作惠通泉記，遂渡海有過海詩，又有烏喙詩序云：「余來儋耳，得犬曰烏喙，予遷合浦，過澄邁泅而濟，戲作是詩。渡海到廉州，謝表有「許承恩而內徙」之句。在廉州有廉州龍眼，質味殊絕，可敵荔枝詩。又有題少游學書乃云：庚辰八月二十四日，書於合浦清樂軒，及記蘇佛兒語，別廉守張左藏詩，此皆在廉州所作之詩也。又有瓶笙詩序云：「庚辰八月二十八日，劉幾仲餞別，東坡中觴聞笙簫聲」。又有與鄭靖老書云：「到廉，廉守云公已行矣」。志林未成草得書傳十三卷，某留此過中秋，或至月末乃行，作木柂下水，歷容藤至梧與邁約般家，至梧相會，迨亦至惠矣。是歲又有移永州之命，按先生謝提舉成都府玉局觀表云：「先自昌化貶所，移廉州，又自廉州移舒州節度副使，永州居住，行至英州復朝奉郎，提舉成都府玉局觀，任便居住，經由廣州，有將至廣州用過字韻寄迨邁二子詩。時朱行中舍人，知廣州，先生有簡與朱行中云：「欲服帽請見，先令咨稟，廣州少留而行。考先生題廣慶寺云，東坡居士渡海北還，吳子野，何崇道頴堂通三長老，黃明達，李公弼，林子中，自番禺追餞至淸遠峽，同遊廣林寺，乃元符三年十一月十五日，自此舟行淸遠，見顧秀才談惠州之美，遂作詩過英州拜玉局之除，有何公橋詩，過韶州有次韻狄守李倅詩，及作九成臺銘。是年過嶺，作詩二首寄子由，有「七年來往我何堪」之語，蓋先生甲戌責惠州，已而過海，至是爲七年矣，次年正月五日，過南安軍，計先生度嶺必已歲除。

徽宗皇帝建中靖國元年辛巳

先生年六十六，度嶺北歸，作南華長老題名記。按題中載石鐘山記云：「建中靖國元年，正月五日，自南陵還，過南安軍，舊法掾吳君示舊所作石鐘山銘，爲題其末」。乃知先生首正過南安必矣。又有過嶺至南安作一首，正月到虔州，有與錢濟明書云：「某已到虔州兩月，十間方離此」，又和舊所作鬱孤臺詩，有虔州士人孫志舉，從先生游，先生有和遲韻贈志舉先輩云：「我從海外歸，喜及崆峒春」。又有何志舉見贈云：「灑掃古玉局，香火通帝閽」又用前韻謝崔次之見過云：「自我遷嶺外，七見槐火春」。及發虔州，過吉州永和鎭淸都觀，有謝道士自言丙子生，求詩，爲賦一首。及爲作贊，並寫淸都臺三字，中途又爲南安軍作學記，寫海外所作天慶觀乳泉賦，四月舟行至豫章彭蠡之間，遇成國程夫人忌日，硒寫圖通偈云：「行當施廬山有道者」。又有與胡仁修書云：「且夕到儀眞，暫令邁一至常。」五月行至眞州，瘴毒大作，病暴下，中止於常州。按先生寄朱行中詩，有「至今不貪寶，凜然照塵寰」之句。先生注云：「前一日夢中作此詩寄行中，覺而記之，自不曉」。按近日曾端伯百家詩選，至朱行中事迹云：「東坡夢中寄朱行中一篇，南遷絕筆也。嗟乎，先生之文，如萬斛泉源，而乃止於夢中寄行中之作。此正絕筆獲麟之義。惜哉。六月上表請老。以本官致仕。七月丁亥卒於常州，實七月二十八日也。子由作先生墓誌云：先生七月被病卒於毗陵，吳越之民，相與哭於市，其君子相與弔於家，訃聞於四方，無賢愚皆咨嗟出涕。大學之士，數百人相率飯僧惠林佛舍。嗚呼先生，文章爲百世之師，而忠義尤爲天下大閑，加之好賢樂善，常若不及，是宜訃聞之日，士民惜哲人之萎，朝野嗟一鑑之逝，皆出於自然之誠，不可以强而致也。以次年閏六月，葬於汝州，郟城縣鈞臺鄉上瑞里。

參考書目

宋史　元右相脫脫撰
漢書　班固撰
史記　司馬遷撰
唐書　劉昫撰
新唐書　歐陽修、宋祁撰
十三經注疏　阮元審定
四書集注　朱熹集注
孝經　唐玄宗注邢昺等校訂
楚辭　朱熹集注
楚辭　王逸章句
昭明太子文選五臣注　梁蕭統編
昭明太子文選李善注　梁蕭統編
評注昭明太子文選　梁蕭統編
韓昌黎全集　韓愈著
歐陽文忠公全集　歐陽修著

六一居士集　歐陽修著
李太白全集　李白著
杜詩鏡銓　杜甫著
陶靖節全集　陶潛著
陸贄文集　陸贄著
陸宣公奏議　陸贄著
歷代帝王年表　「世界」版
賈誼新論　賈誼撰（疑僞）
經史百家雜鈔　曾國藩纂
古文辭類纂　姚鼐選纂
諸子集成　「世界」版
音注河上公老子道德經　呂祖謙重校
莊子　莊周著
列子　列禦寇著
金剛經　三藏鳩摩羅什奉詔譯
六祖壇經　中國佛教會版
中國哲學史大綱　胡適著
中國文學發達史　「中華」版
意林　唐馬總輯、清周廣業輯

參考書目

易傳　蘇軾著
書傳　蘇軾著
論語說　蘇軾著
仇池筆記　蘇軾著
東坡志林　蘇軾著
東坡全集　蘇軾著
東坡樂府　蘇軾著
東坡詞　蘇軾著
東坡集　蘇軾著
蘇東坡字帖　四美堂版
宋代小說選集　「中華」版
樂府雅詞　曾慥著
陽春白雪　趙聞禮著
抱朴子　葛洪著
草堂詩餘　無名氏著
中國文學史新編　趙景深著
新著中國文學史　胡雲翼著
中國詞史　胡雲翼著
宋詞研究　胡雲翼著

中華哲學叢書
蘇軾思想探討

1912

作　　者／凌琴如　著
主　　編／劉郁君
美術編輯／中華書局編輯部

出 版 者／中華書局
發 行 人／張敏君
行銷經理／王新君
地　　址／11494 台北市內湖區舊宗路二段181巷8號5樓
客服專線／02-8797-8396　　傳　真／02-8797-8909
網　　址／www.chunghwabook.com.tw
匯款帳號／華南商業銀行　西湖分行
179-10-002693-1　中華書局股份有限公司

法律顧問／安侯法律事務所
印刷公司／維中科技有限公司　海瑞印刷品有限公司
出版日期／2015年7月三版
版本備註／據1977年11月二版復刻重製
定　　價／NTD 180

國家圖書館出版品預行編目（CIP）資料

蘇軾思想探討 / 凌琴如著.-- 三版. — 台北市
: 中華書局, 2015.07
面 ; 公分. — (中華哲學叢書)
ISBN 978-957-43-2555-9(平裝)

1.(宋)蘇軾 2.學術思想 3.傳記

782.8516　　104010366

NO.B0037
ISBN 978-957-43-2555-9（平裝）

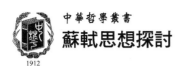